Novo Acordo Ortográfico da Língua Portuguesa

"O livro é a porta que se abre para a realização do homem."

Jair Lot Vieira

Supervisão editorial: Jair Lot Vieira

Novo Acordo Ortográfico da Língua Portuguesa

2008

edipro

Novo Acordo Ortográfico da Língua Portuguesa

Supervisão editorial: Jair Lot Vieira

1ª Edição 2008

Supervisão editorial: *Jair Lot Vieira e Mariana Lot Vieira*
Coordenação editorial: *Júlia Carolina de Lucca*
Revisão: *Júlia Carolina de Lucca,*
Luana da Costa Araújo Coelho e Ricardo Virando
Diagramação: Equipe Edipro
Capa: Mariana Lot Vieira

Nº de Catálogo: 5028

Dados Internacionais de Catalogação na Publicação (CIP)
(Câmara Brasileira do Livro, SP, Brasil)

Novo acordo ortográfico da língua portuguesa / supervisão editorial Jair Lot Vieira. -- Bauru, SP : EDIPRO, 2008.

ISBN 978-85-7283-631-9

1. Português - Ortografia I. Vieira, Jair Lot.

08-05633 CDD-469.152

Índices para catálogo sistemático:
1. Ortografia : Português : Linguistica 469.152

edipro

edições profissionais ltda.
São Paulo: Fone (11) 3107-4788 – Fax (11) 3107-0061
Bauru: Fone (14) 3234-4121 – Fax (14) 3234-4122
edipro@edipro.com.br

SUMÁRIO

Nota da editora

Nota da editora[1]

Não é filha deste século a intenção de unificação da Língua Portuguesa entre Portugal e Brasil, muito menos a polêmica gerada por tal empreitada. Vem do início do século XX essa tentativa.

Já em 1911 ocorreu a primeira Reforma Ortográfica da Língua Portuguesa, com o intuito da uniformização; porém, não aceita instantaneamente pelo Brasil, foi considerada apenas em 1915 pela Academia Brasileira de Letras, que quatro anos depois revogou a decisão.

Em 1924, Academia de Ciências de Lisboa e Academia Brasileira de Letras buscaram em comunhão uma convergência entre o Português de Portugal e o Português do Brasil. Essa iniciativa culminou no primeiro Acordo Ortográfico entre Brasil e Portugal, no ano de 1931 que, apesar da mobilização das Academias, não foi efetivamente aplicado.

---

1 Este texto, bem como demais notas da Editora e *Principais mudanças na Língua Portuguesa do Brasil* (à p. 121) são autoria de Júlia Carolina de Lucca, Graduada em Letras - Língua Portuguesa e Coordenadora editorial da **Edipro**.

O primeiro Formulário Ortográfico foi redigido em 1943, na primeira Convenção Ortográfica entre Portugal e Brasil, e norteou o uso da Língua nesses dois países. Dois anos mais tarde, tem-se efetivamente um Acordo Ortográfico, que passou a valer apenas para Portugal, já que o Brasil não o ratificou.

Somente em 1971 o Brasil finalmente regula sua ortografia no intuito de convergência e unificação com o Português de Portugal, movimento que, dois anos depois, se refletiria na mesma atitude por parte dos portugueses. Em consonância, Brasil e Portugal ensaiam um novo Acordo, em 1975, que não foi aceito oficialmente.

Ainda no intuito de acordar a unificação ortográfica, sete países de Língua Portuguesa encontram-se no Rio de Janeiro em 1986, sendo eles: Brasil, Portugal, Angola, Cabo Verde, Guiné-Bissau, Moçambique e São Tomé e Príncipe. O objetivo era regulamentar um Acordo Ortográfico da Língua Portuguesa.

Quatro anos mais tarde, em Portugal, foi assinado o então projeto de texto que unificaria a Língua Portuguesa, já mais moderado e atendendo a críticas realizadas ao Acordo de 1986. Ele deveria viger a partir de 1994, depois de ser ratificado pelos sete países reunidos no Rio de Janeiro.

Em 18 de abril de 1995, o Acordo Ortográfico foi ratificado e publicado pelo Senado Federal, passando a ter força legal para o Estado Brasileiro. Apenas Portugal, Brasil e Cabo Verde ratificaram o Acordo Ortográfico da Língua Portuguesa; portanto, não foi suficiente para que vigorasse.

Em 1998, foi assinado um Protocolo modificativo ao Acordo Ortográfico, alterando os prazos estabelecidos anteriormente. Essa modificação foi ratificada no Brasil em 2002, através da publicação do Decreto Legislativo nº 120 pelo Senado Federal.

No intuito de fazê-lo valer, os ministros da educação da Comunidade dos Países de Língua Portuguesa (CPLP), em maio de 2004, encontraram-se em Fortaleza para modificar agora os artigos 3º e 5º do Acordo, liberando a obrigatoriedade de ratificação pelos sete países, reduzindo-a apenas para três. Também permitiram a adesão do Timor-Leste ao Acordo. Portanto, se três países, entre os oito, ratificassem o Acordo Ortográfico da Língua Portuguesa, ele valeria para todos. A modificação foi aceita em junho do mesmo ano na V Conferência dos Chefes de Estado e de Governo da CPLP, em São Tomé e Príncipe.

Em Portugal, dia 16 de maio de 2008, o Protocolo da segunda modificação foi ratificado pelo Parlamento, aguardando apenas sua promulgação pelo Presidente da República. Nesse país, estima-se que dentro de seis anos o Acordo deverá estar completamente implantado.

No Brasil, a Resolução nº. 17, publicada no Diário Oficial da União em 08 de maio de 2008 pelo Presidente do Conselho Deliberativo do Fundo Nacional de Desenvolvimento da Educação, Sr. Fernando Haddad, autoriza a adequação, nos livros didáticos de Ensino Fundamental e Médio, das regras do Acordo a partir de 2009. Isso acena para uma efetivação do Acordo Ortográfico da Língua Portuguesa no país, que terá um período de três anos para sua concretização. Ao final de 2011, todos os brasileiros deverão ter se adaptado às novas regras do Acordo Ortográfico.

Fundamentação legal para o Acordo Ortográfico entre Países de Língua Portuguesa

Fundamentação legal para o Acordo Ortográfico entre Países de Língua Portuguesa

1 – ACORDO ORTOGRÁFICO DA LÍNGUA PORTUGUESA

Considerando que o projecto de texto de ortografia unificada de língua portuguesa aprovado em Lisboa, em 12 de outubro de 1990, pela Academia das Ciências de Lisboa, Academia Brasileira de Letras e delegações de Angola, Cabo Verde, Guiné-Bissau, Moçambique e São Tomé e Príncipe, com a adesão da delegação de observadores da Galiza, constitui um passo importante para a defesa da unidade essencial da língua portuguesa e para o seu prestígio internacional;

Considerando que o texto do acordo que ora se aprova resulta de um aprofundado debate nos Países signatários, a República Popular de Angola; a República Federativa do Brasil; a República de Cabo Verde; a República da Guiné-Bissau; a República de Moçambique; a República Portuguesa; e a República Democrática de São Tomé e Príncipe, acordam no seguinte:

Artigo 1º

É aprovado o Acordo Ortográfico da Língua Portuguesa, que consta como Anexo I ao presente instrumento de aprovação, sob a designação de Acordo Ortográfico da Língua Portuguesa (1990) e vai acompanhado da respectiva nota explicativa, que consta como Anexo II ao mesmo instrumento de aprovação, sob a designação de Nota Explicativa do Acordo Ortográfico da Língua Portuguesa (1990).

Artigo 2º

Os Estados signatários tomarão, através das instituições e órgãos competentes, as providências necessárias com vista à elaboração, até 1º de janeiro de 1993, de um vocabulário ortográfico comum da língua portuguesa, tão completo quanto desejável e tão normalizador quanto possível, no que se refere às terminologias científicas e técnicas.

Artigo 3º

O Acordo Ortográfico da Língua Portuguesa entrará em vigor em 1º de janeiro de 1994, após depositados os instrumentos de ratificação de todos os Estados junto do Governo da República Portuguesa.

Nota: Artigo 3º "O Acordo Ortográfico da Língua Portuguesa entrará em vigor com o terceiro depósito de instrumento de ratificação junto da República Portuguesa". Redação dada pelo Segundo Protocolo Modificativo ao Acordo Ortográfico da Língua Portuguesa.

Artigo 4º

Os Estados signatários adoptarão as medidas que entenderem adequadas ao efectivo respeito da data da entrada em vigor estabelecida no artigo 3º.

Em fé do que, os abaixo-assinados, devidamente credenciados para o efeito, aprovam o presente Acordo, redigido em língua portuguesa, em sete exemplares, todos igualmente autênticos. Assinado em Lisboa, em 16 de dezembro de 1990. PELA REPÚBLICA POPULAR DE ANGOLA, José Mateus de Adelino Peixoto, Secretário de Estado da Cultura. PELA REPÚBLICA FEDERATIVA DO BRASIL, Carlos Alberto Gomes Chiarelli, Ministro da Educação. PELA REPÚBLICA DE CABO VERDE, David Hopffer Almada, Ministro da Informação Cultura e Desportos. PELA REPÚBLICA DA GUINÉ-BISSAU, Alexandre Brito Ribeiro Furtado, Secretário de Estado da Cultura. PELA REPÚBLICA DE MOÇAMBIQUE, Luis Bernardo Honwana, Ministro da Cultura. PELA REPÚBLICA PORTUGUESA, Pedro Miguel de Santana Lopes, Secretário de Estado da Cultura. PELA REPÚBLICA DEMOCRÁTICA DE SÃO TOMÉ E PRÍNCIPE, Lígia Silva Graça do Espírito Santo Costa, Ministra da Educação e Cultura.

Nota: Artigo 5º "O presente Acordo estará aberto à adesão da República Democrática de Timor-Leste". Redação dada pelo Segundo Protocolo Modificativo ao Acordo Ortográfico da Língua Portuguesa.

2 – SEGUNDO PROTOCOLO

V CONFERÊNCIA DOS CHEFES DE ESTADO E DE GOVERNO DA COMUNIDADE DOS PAÍSES DE LÍNGUA PORTUGUESA

São Tomé, 26 e 27 de julho de 2004

ACORDO DO SEGUNDO PROTOCOLO MODIFICATIVO AO ACORDO ORTOGRÁFICO DA LÍNGUA PORTUGUESA

A República de Angola, a República Federativa do Brasil, a República de Cabo Verde, a República da Guiné-Bissau, a República de Moçambique, a República Portuguesa, a República Democrática de São Tomé e Príncipe e a República Democrática de Timor-Leste:

Considerando que, até à presente data, o Acordo Ortográfico da Língua Portuguesa, assinado em Lisboa, a 16 de dezembro de 1990, ainda não pôde entrar em vigor por não ter sido ratificado por todas as partes contratantes;

Tendo em conta que, desde a IV Conferência de Chefes de Estado e de Governo da Comunidade de Países de Língua Portuguesa (CPLP), ocorrida em Brasília a 31 de julho e 1º de agosto de 2002, se adoptou a prática, nos Acordos da CPLP, de estipular a entrada em vigor com o depósito do terceiro instrumento de ratificação;

Recordando que, em 2002, por ocasião da IV Conferência de Chefes de Estado e de Governo, a República Democrática de Timor-Leste aderiu à CPLP, tornando-se o oitavo membro da Comunidade;

Evocando a recomendação dos Ministros da Educação da CPLP que, reunidos, em Fortaleza, a 26 de maio de 2004, na V Reunião de Ministros da Educação, reiteraram ser o Acordo Ortográfico um dos fundamentos da Comunidade e decidiram elevar, à consideração da V Conferência de Chefes de Estado e de Governo da CPLP, a proposta de se aprovar o Protocolo Modificativo ao Acordo Ortográfico da Língua Portuguesa que, além de permitir a adesão de Timor-Leste, define a entrada em vigor do Acordo com o depósito dos instrumentos de ratificação por três países signatários;

DECIDEM as partes:

1. Dar a seguinte nova redacção ao Artigo 3º do Acordo Ortográfico:

Artigo 3º "O Acordo Ortográfico da Língua Portuguesa entrará em vigor em 1 de Janeiro de 1994, após depositados os instrumentos de ratificação de todos os Estados junto do Governo da República Portuguesa".

2. Acrescentar o seguinte artigo ao Acordo Ortográfico:

Artigo 5º "O presente Acordo estará aberto à adesão da República Democrática de Timor-Leste".

3. Estabelecer que o presente Protocolo Modificativo entrará em vigor no primeiro dia do mês seguinte à data em que três Estados membros da CPLP tenham depositado, junto da República Portuguesa, os respectivos instrumentos de ratificação ou documentos equivalentes que os vinculem ao Protocolo.

Feito e assinado em São Tomé, a 25 de julho de 2004.

____

Pelo Governo da República de Angola

____

Pelo Governo da República Federativa do Brasil

____

Pelo Governo da República de Cabo Verde

____

Pelo Governo da República da Guiné-Bissau

____

Pelo Governo da República de Moçambique

____

Pelo Governo da República Portuguesa

____

Pelo Governo da República Democrática de São Tomé e Príncipe

____

Pelo Governo da República Democrática de Timor-Leste

3 – DECRETO LEGISLATIVO Nº 54, DE 18 DE ABRIL DE 1995

Aprova o texto do Acordo Ortográfico da Língua Portuguesa,* assinado em Lisboa, em 16 de dezembro de 1990.

Faço saber que o Congresso Nacional aprovou, e eu, José Sarney, Presidente do Senado Federal, nos termos do artigo 48, item 28, do Regimento Interno, promulgo o seguinte:

Art. 1º É aprovado o texto do Acordo Ortográfico da Língua Portuguesa, assinado em Lisboa, em 16 de dezembro de 1990.

Parágrafo único. São sujeitos à apreciação do Congresso Nacional quaisquer atos que impliquem revisão do referido Acordo, bem como quaisquer atos que, nos termos do artigo 49, I, da Constituição Federal, acarretem encargos ou compromissos gravosos ao patrimônio nacional.

Art. 2º Este Decreto Legislativo entra em vigor na data de sua publicação.

Senado Federal, 18 de abril de 1995.

SENADOR JOSÉ SARNEY - Presidente

(*) O texto acima citado está publicado no D.C.N. (seção II), de 20/04/95. DOU de 20/04/1995 (nº 76, seção 1, pág. 5.585).

4 – DECRETO LEGISLATIVO Nº 120, DE 12 DE JUNHO DE 2002(*)

Aprova o texto do Protocolo Modificativo ao Acordo Ortográfico da Língua Portuguesa, feito em Praia, em 17 de julho de 1998.

Faço saber que o Congresso Nacional aprovou, e eu, Ramez Tebet, Presidente do Senado Federal, nos termos do art. 48, inciso XXVIII, do Regimento Interno, promulgo o seguinte:

O Congresso Nacional decreta:

Art. 1º Fica aprovado o texto do Protocolo Modificativo ao Acordo Ortográfico da Língua Portuguesa, feito em Praia, em 17 de julho de 1998.

Parágrafo único. Ficam sujeitos à aprovação do Congresso Nacional quaisquer atos que impliquem revisão do referido Acordo, bem como quaisquer ajustes complementares que, nos termos do inciso I do art. 49 da Constituição Federal, acarretem encargos ou compromissos gravosos ao patrimônio nacional.

Art. 2º Este Decreto Legislativo entra em vigor na data de sua publicação.

Senado Federal, em 12 de junho de 2002.

Senador RAMEZ TEBET - Presidente do Senado Federal

(*) O texto do Protocolo citado está publicado no DSF de 10/03/2001.

5 – RESOLUÇÃO Nº 17, DE 7 DE MAIO DE 2008

Autoriza a adequação dos livros escolares de ensino fundamental e médio às mudanças implementadas pelo Acordo Ortográfico da Língua Portuguesa.

O PRESIDENTE DO CONSELHO DELIBERATIVO DO FUNDO NACIONAL DE DESENVOLVIMENTO DA EDUCAÇÃO - FNDE, no uso das atribuições legais que lhe são conferidas pelo artigo 14, Capítulo V, Seção IV, do Anexo I, do Decreto nº 6.319, de 20/12/2007, e os artigos 3º, 5º e 6º do Anexo da Resolução CD/FNDE nº 31, de 30/09/2003, e

CONSIDERANDO a conveniência e a oportunidade da atualização dos livros utilizados por alunos e professores da Educação Básica às novas regras ortográficas, que entram em vigor a partir de 2009, em cumprimento ao Acordo Ortográfico da Língua Portuguesa, assinado em Lisboa, em 16 de dezembro de 1990, e aprovado pelo Decreto Legislativo nº 54, de 18 de abril de 1995, publicado no Diário Oficial da União, Seção 1, Página 5585, de 20/04/1995, e no Diário do Congresso Nacional, Seção 2, Página 5837, de 21/04/1995,

RESOLVE "AD REFERENDUM":

Art. 1º Autorizar a adequação das obras do Programa Nacional do Livro Didático (PNLD), do Programa Nacional do Livro para o Ensino Médio (PNLEM) e do Programa Nacional Biblioteca da Escola (PNBE) às mudanças implementadas pelo Acordo Ortográfico da Língua Portuguesa.

Art. 2º Os livros podem ser objeto de conversão ou adaptação para distribuição aos alunos e professores da rede pública de educação básica, desde que não ocorra alteração no número de páginas de cada livro, em qualquer hipótese.

§ 1º A conversão consiste na substituição de todas as palavras, frases e expressões grafadas na forma corrente pela nova grafia oficial.

§ 2º A adaptação significa, nas obras do componente curricular de Língua Portuguesa, a conversão de termos descrita no parágrafo anterior, e também a supressão ou inclusão de frases ou textos que enunciam regras gramaticais respectivamente revogadas ou introduzidas pela nova norma.

Art. 3º A distribuição dos livros adequados às novas normas ortográficas pode ocorrer para utilização a partir do período letivo de 2009, considerando as peculiaridades de cada programa e os ciclos de produção, distribuição, reposição e complementação.

§ 1º A decisão de realizar a adequação das obras à nova norma ou de manter sua forma original, tal como inscrita, avaliada e aprovada no PNLD e no PNLEM, é de competência, iniciativa e responsabilidade exclusivas de cada detentor de direito autoral.

§ 2º As obras podem ser fornecidas pelas editoras já devidamente convertidas ou adaptadas para o atendimento:

I - da distribuição relativa ao Programa Nacional Biblioteca da Escola, no período letivo de 2009;

II - da reposição e complementação das séries finais do ensino fundamental - 5ª a 8ª série ou 6º ao 9º ano - nos períodos letivos de 2009 e 2010; e

III - da primeira distribuição e também da reposição e complementação do ensino médio, nos períodos letivos de 2009, 2010 e 2011.

§ 3º Os livros adequados conforme definido no parágrafo anterior deverão estar assim identificados por um selo padronizado, a ser fornecido pelo FNDE para este fim.

§ 4º Fica vedada a adequação de obras da reposição e complementação das séries iniciais do ensino fundamental - 1ª a 4ª série ou 1º ao 5º ano - no período letivo de 2009.

§ 5º Não caberá qualquer interferência ou responsabilização ao Ministério da Educação sobre o processo ou o resultado da adequação das obras didáticas, observado o disposto no artigo 2º desta Resolução, especialmente no que se refere ao número de páginas, para fins de controle de qualidade e cumprimento contratual.

Art. 4º As obras a serem produzidas para os editais do PNLD 2010, PNLD 2011, PNLEM 2012, PNBE 2010 e seguintes já devem estar obrigatoriamente adequadas às novas regras ortográficas, conforme especificação nos respectivos editais ou seus termos aditivos.

Art. 5º Esta Resolução entra em vigor na data de sua publicação.

FERNANDO HADDAD

DOU Nº 87, quinta-feira, 8 de maio de 2008. Republicada no DOU nº 90, de 13 de maio de 2008 por haver incorreções.

Anexo I
Novo Acordo Ortográfico da Língua Portuguesa

Novo Acordo Ortográfico da Língua Portuguesa[2]

BASE I - DO ALFABETO E DOS NOMES PRÓPRIOS ESTRANGEIROS E SEUS DERIVADOS

✦ 1°) O alfabeto da língua portuguesa é formado por vinte e seis letras, cada uma delas com uma forma minúscula e outra maiúscula:

a A	(á)	j J	(jota)	s S	(esse)
b B	(bê)	k K	(capa ou cá)	t T	(tê)
c C	(cê)	l L	(ele)	u U	(u)
d D	(dê)	m M	(eme)	v V	(vê)
e E	(é)	n N	(ene)	w W	(dáblio)
f F	(efe)	o O	(ó)	x X	(xis)
g G	(gê ou guê)	p P	(pê)	y Y	(ípsilon)
h H	(agá)	q Q	(quê)	z Z	(zê)
i I	(i)	r R	(erre)		

2 O texto do Acordo Ortográfico dos Países de Língua Portuguesa de 1990 é de natureza técnica, redigido em português de Portugal, considerando predominantemente cientistas da linguagem e profissionais da Língua portuguesa em geral, porém não menos compreensível para leigos e/ou interessados na Língua. (Nota da Editora)

Obs.: 1. Além destas letras, usam-se o **ç** (cê cedilhado) e os seguintes dígrafos: **rr** (erre duplo), **ss** (esse duplo), **ch** (cê-agá), **lh** (ele-agá), **nh** (ene-agá), **gu** (guê-u) e **qu** (quê-u).

2. Os nomes das letras acima sugeridos não excluem outras formas de as designar.

✦ 2º) As letras **k**, **w** e **y** usam-se nos seguintes casos especiais:

a) Em antropónimos/antropônimos[3] originários de outras línguas e seus derivados: Franklin, frankliniano; Kant, kantismo; Darwin, darwinismo; Wagner, wagneriano; Byron, byroniano; Taylor, taylorista;

b) Em topónimos/topônimos[4] originários de outras línguas e seus derivados: Kwanza; Kuwait, kuwaitiano; Malawi, malawiano;

c) Em siglas, símbolos e mesmo em palavras adotadas como unidades de medida de curso internacional: TWA, KLM; K-potássio (de kalium), W-oeste (West); kg-quilograma, km-quilómetro, kW-kilowatt, yd-jarda (yard); Watt.

---

3 Nome próprio de pessoa ou de ser personificado; nome de batismo. Cf. HOUAISS, A.; VILLAR, M. de S. *Dicionário Houaiss da Língua Portuguesa*. Rio de Janeiro: Objetiva, 2001. p. 240. (N. da E.)

4 Nome geográfico próprio de região, cidade, vila, povoação, lugar, rio, logradouro público, etc. Cf. HOUAISS, A.; VILLAR, M. de S. *Dicionário Houaiss da Língua Portuguesa*. Rio de Janeiro: Objetiva, 2001. p. 2735. (N. da E.)

✦ 3º) Em congruência com o número anterior, mantêm-se nos vocábulos derivados eruditamente de nomes próprios estrangeiros quaisquer combinações gráficas ou sinais diacríticos[5] não peculiares à nossa escrita que figurem nesses nomes: comtista, de Comte; garrettiano, de Garrett; jeffersónia/ jeffersônia, de Jefferson; mülleriano, de Müller; shakespeariano, de Shakespeare.

Os vocábulos autorizados registrarão grafias alternativas admissíveis, em casos de divulgação de certas palavras de tal tipo de origem (a exemplo de fúcsia/fúchsia e derivados, bungavilia/bunganvílea/ bougainvíllea).

✦ 4º) Os dígrafos finais de origem hebraica **ch**, **ph** e **th** podem conservar-se em formas onomásticas da tradição bíblica, como Baruch, Loth, Moloch, Ziph, ou então simplificar-se: Baruc, Lot, Moloc, Zif. Se qualquer um destes dígrafos, em formas do mesmo tipo, é invariavelmente mudo, elimina-se: José, Nazaré, em vez de Joseph, Nazareth; e se algum deles, por força do uso, permite adaptação, substitui-se, recebendo uma adição vocálica: Judite, em vez de Judith.

5 Acentos gráficos, cedilha, trema e til. Cf. HOUAISS, A.; VILLAR, M. de S. *Dicionário Houaiss da Língua Portuguesa*. Rio de Janeiro: Objetiva, 2001. p. 1029. (N. da E.)

✦ 5º) As consoantes finais grafadas **b**, **c**, **d**, **g** e **t** mantêm-se, quer sejam mudas, quer proferidas, nas formas onomásticas[6] em que o uso as consagrou, nomeadamente antropónimos/antropônimos e topónimos/topônimos da tradição bíblica: Jacob, Job, Moab, Isaac; David, Gad; Gog, Magog; Bensabat, Josafat.

Integram-se também nesta forma: Cid, em que o **d** é sempre pronunciado; Madrid e Valhadolid, em que o **d** ora é pronunciado, ora não; e Calecut ou Calicut, em que o **t** se encontra nas mesmas condições.

Nada impede, entretanto, que dos antropónimos/antropônimos em apreço sejam usados sem a consoante final Jó, Davi e Jacó.

✦ 6º) Recomenda-se que os topónimos/topônimos de línguas estrangeiras se substituam, tanto quanto possível, por formas vernáculas, quando estas sejam antigas e ainda vivas em português ou quando entrem, ou possam entrar, no uso corrente. Exemplo: Anvers, substituído por Antuérpia; Cherbourg, por Cherburgo; Garonne, por Garona; Genève, por Genebra; Jutland, por Jutlândia; Milano, por Milão; München, por Muniche; Torino, por Turim; Zürich, por Zurique, etc.

---

6 Relativas a nomes próprios. Cf. HOUAISS, A.; VILLAR, M. de S. *Dicionário Houaiss da Língua Portuguesa*. Rio de Janeiro: Objetiva, 2001. p. 2066. (N. da E.)

BASE II - DO H INICIAL E FINAL

✦1º) O **h** inicial emprega-se:

a) Por força da etimologia: haver, hélice, hera, hoje, hora, homem, humor;

b) Em virtude da adoção convencional: hã?, hem?, hum!.

✦ 2º) O **h** inicial suprime-se:

a) Quando, apesar da etimologia, a sua supressão está inteiramente consagrada pelo uso: erva, em vez de herva; e, portanto, ervaçal, ervanário, ervoso (em contraste com herbáceo, herbanário, herboso, formas de origem erudita);

b) Quando, por via de composição, passa a interior e o elemento em que figura se aglutina ao precedente: biebdomadário, desarmonia, desumano, exaurir, inábil, lobisomem, reabilitar, reaver.

✦ 3º) O **h** inicial mantém-se, no entanto, quando, numa palavra composta, pertence a um elemento que está ligado ao anterior por meio de hífen: anti-higiénico/anti-higiênico, contra-haste, pré-história, sobre-humano.

✦ 4º) O **h** final emprega-se em interjeições: ah! oh!

BASE III - DA HOMOFONIA DE CERTOS GRAFEMAS CONSONÂNTICOS

Dada a homofonia existente entre certos grafemas consonânticos, torna-se necessário diferençar os seus empregos, que fundamentalmente se regulam pela história das palavras. É certo que a variedade das condições em que se fixam na escrita os grafemas consonânticos homófonos nem sempre permite fácil diferenciação dos casos em que se deve empregar uma letra e daqueles em que, diversamente, se deve empregar outra, ou outras, a representar o mesmo som.

Nesta conformidade, importa notar, principalmente, os seguintes casos:

✦ 1°) Distinção gráfica entre **ch** e **x**: achar, archote, bucha, capacho, capucho, chamar, chave, Chico, chiste, chorar, colchão, colchete, endecha, estrebucha, facho, ficha, flecha, frincha, gancho, inchar, macho, mancha, murchar, nicho, pachorra, pecha, pechincha, penacho, rachar, sachar, tacho; ameixa, anexim, baixel, baixo, bexiga, bruxa, coaxar, coxia, debuxo, deixar, eixo, elixir, enxofre, faixa, feixe, madeixa, mexer, oxalá, praxe, puxar, rouxinol, vexar, xadrez, xarope, xenofobia, xerife, xícara.

✦ 2º) Distinção gráfica entre **g**, com valor de fricativa palatal, e **j**: adágio, alfageme, Álgebra, algema, algeroz, Algés, algibebe, algibeira, álgido, almargem, Alvorge, Argel, estrangeiro, falange, ferrugem, frigir, gelosia, gengiva, gergelim, geringonça, Gibraltar, ginete, ginja, girafa, gíria, herege, relógio, sege, Tânger, virgem; adjetivo, ajeitar, ajeru (nome de planta indiana e de uma espécie de papagaio), canjerê, canjica, enjeitar, granjear, hoje, intrujice, jecoral, jejum, jeira, jeito, Jeová, jenipapo, jequiri, jequitibá, Jeremias, Jericó, jerimum, Jerónimo, Jesus, jibóia, jiquipanga, jiquiró, jiquitaia, jirau, jiriti, jitirana, laranjeira, lojista, majestade, majestoso, manjerico, manjerona, mucujê, pajé, pegajento, rejeitar, sujeito, trejeito.

✦ 3º) Distinção gráfica entre as letras **s**, **ss**, **c**, **ç** e **x**, que representam sibilantes surdas: ânsia, ascensão, aspersão, cansar, conversão, esconso, farsa, ganso, imenso, mansão, mansarda, manso, pretensão, remanso, seara, seda, Seia, Sertã, Sernancelhe, serralheiro, Singapura, Sintra, sisa, tarso, terso, valsa; abadessa, acossar, amassar, arremessar, Asseiceira, asseio, atravessar, benesse, Cassilda, codesso (identicamente Codessal ou Codassal, Codesseda, Codessoso, etc.), crasso, devassar, dossel, egresso, endossar, escasso, fosso, gesso, molosso, mossa, obsessão, pêssego, possesso, remessa, sossegar; acém, acervo, alicerce, cebola, cereal, Cernache, cetim, Cinfães, Escócia, Macedo, obcecar, percevejo; açafate, açorda, açúcar, almaço, atenção, berço, Buçaco, caçanje, caçula, caraça, dançar, Eça, enguiço, Gonçalves, inserção, linguiça, maçada, Mação, maçar, Moçambique, Monção, muçulmano, murça, negaça, pança, peça, quiçaba, quiçaça, quiçama, quiçamba, Seiça (grafia que pretere as erróneas/errôneas Ceiça e Ceissa), Seiçal, Suíça, terço; auxílio, Maximiliano, Maximino, máximo, próximo, sintaxe.

✦ 4°) Distinção gráfica entre **s** de fim de sílaba (inicial ou interior) e **x** e **z** com idêntico valor fónico/fônico: adestrar, Calisto, escusar, esdrúxulo, esgotar, esplanada, esplêndido, espontâneo, espremer, esquisito, estender, Estremadura, Estremoz, inesgotável; extensão, explicar, extraordinário, inextricável, inexperto, sextante, têxtil; capazmente, infelizmente, velozmente. De acordo com esta distinção convém notar dois casos:

a) Em final de sílaba que não seja final de palavra, o **x** = **s** muda para **s** sempre que está precedido de **i** ou **u**: justapor, justalinear, misto, sistino (cf. Capela Sistina), Sisto, em vez de juxtapor, juxtalinear, mixto, sixtina, Sixto;

b) Só nos advérbios em **-mente** se admite **z**, com valor idêntico ao de **s**, em final de sílaba seguida de outra consoante (cf. capazmente, etc.); de contrário, o **s** toma sempre o lugar do **z**: Biscaia, e não Bizcaia.

✦ 5º) Distinção gráfica entre **s** final de palavra e **x** e **z** com idêntico valor fónico/fônico: aguarrás, aliás, anis, após, atrás, através, Avis, Brás, Dinis, Garcês, gás, Gerês, Inês, íris, Jesus, jus, lápis, Luís, país, português, Queirós, quis, retrós, revés, Tomás, Valdês; cálix, Félix, Fênix, flux; assaz, arroz, avestruz, dez, diz, fez (substantivo e forma do verbo fazer), fiz, Forjaz, Galaaz, giz, jaez, matiz, petiz, Queluz, Romariz, [Arcos de] Valdevez, Vaz. A propósito, deve observar-se que é inadmissível **z** final equivalente a **s** em palavra não oxítona: Cádis, e não Cádiz.

✦ 6º) Distinção gráfica entre as letras interiores **s**, **x** e **z**, que representam sibilantes sonoras: aceso, analisar, anestesia, artesão, asa, asilo, Baltasar, besouro, besuntar, blusa, brasa, brasão, Brasil, brisa, [Marco de] Canaveses, coliseu, defesa, duquesa, Elisa, empresa, Ermesinde, Esposende, frenesi ou frenesim, frisar, guisa, improviso, jusante, liso, lousa, Lousã, Luso (nome de lugar, homónimo/homônimo de Luso, nome mitológico), Matosinhos, Meneses, narciso, Nisa, obséquio, ousar, pesquisa, portuguesa, presa, raso, represa, Resende, sacerdotisa, Sesimbra, Sousa, surpresa, tisana, transe, trânsito, vaso; exalar, exemplo, exibir, exorbitar, exuberante, inexato, inexorável; abalizado, alfazema, Arcozelo, autorizar, azar, azedo, azo, azorrague, baliza, bazar, beleza, buzina, búzio, comezinho, deslizar, deslize, Ezequiel, fuzileiro, Galiza, guizo, helenizar, lambuzar, lezíria, Mouzinho, proeza, sazão, urze, vazar, Veneza, Vizela, Vouzela.

BASE IV - DAS SEQUÊNCIAS CONSONÂNTICAS

✦ 1°) O **c**, com valor de oclusiva velar, das sequências interiores **cc** (segundo **c** com valor de sibilante), **cç** e **ct**, e o **p** das sequências interiores **pc** (**c** com valor de sibilante), **pç** e **pt**, ora se conservam, ora se eliminam.

Assim:

a) Conservam-se nos casos em que são invariavelmente proferidos nas pronúncias cultas da língua: compacto, convicção, convicto, ficção, friccionar, pacto, pictural; adepto, apto, díptico, erupção, eucalipto, inepto, núpcias, rapto;

b) Eliminam-se nos casos em que são invariavelmente mudos nas pronúncias cultas da língua: ação, acionar, afetivo, aflição, aflito, ato, coleção, coletivo, direção, diretor, exato, objeção; adoção, adotar, batizar, Egito, ótimo;

c) Conservam-se ou eliminam-se, facultativamente, quando se proferem numa pronúncia culta, quer geral, quer restritamente, ou então quando oscilam entre a prolação e o emudecimento: aspecto e aspeto, cacto e cato, caracteres e carateres, dicção e dição; facto e fato, sector e setor, ceptro e cetro, concepção e conceção, corrupto e corruto, recepção e receção;

d) Quando, nas sequências interiores **mpc**, **mpç** e **mpt** se eliminar o **p** de acordo com o determinado nos parágrafos precedentes, o **m** passa a **n**, escrevendo-se, respectivamente, **nc**, **nç** e **nt**: assumpcionista e assuncionista; assumpção e assunção; assumptível e assuntível; peremptório e perentório, sumptuoso e suntuoso, sumptuosidade e suntuosidade.

✦ 2°) Conservam-se ou eliminam-se, facultativamente, quando se proferem numa pronúncia culta, quer geral, quer restritamente, ou então quando oscilam entre a prolação[7] e o emudecimento: o **b**

7 Pronunciação, articulação. Cf. HOUAISS, A.; VILLAR, M. de S. *Dicionário Houaiss da Língua Portuguesa*. Rio de Janeiro: Objetiva, 2001. p. 2309. (N. da E.)

da sequência **bd**, em **súbdito**; o **b** da sequência **bt**, em **subtil** e seus derivados; o **g** da sequência **gd**, em amígdala, amigdalácea, amigdalar, amigdalato, amigdalite, amigdalóide, amigdalopatia, amigdalotomia; o **m** da sequência **mn**, em amnistia, amnistiar, indemne, indemnidade, indemnizar, omnímodo, omnipotente, omnisciente, etc.; o **t** da sequência **tm**, em aritmética e aritmético.

BASE V - DAS VOGAIS ÁTONAS

✦ 1°) O emprego do **e** e do **i**, assim como o do **o** e do **u**, em sílaba átona, regula-se fundamentalmente pela etimologia e por particularidades da história das palavras. Assim, se estabelecem variadíssimas grafias:

a) Com **e** e **i**: ameaça, amealhar, antecipar, arrepiar, balnear, boreal, campeão, cardeal (prelado, ave, planta; diferente de cardial = "relativo à cárdia"), Ceará, côdea, enseada, enteado, Floreal, janeanes, lêndea, Leonardo, Leonel, Leonor, Leopoldo, Leote, linear, meão, melhor, nomear, peanha, quase (em vez de quási), real, semear, semelhante, várzea; ameixial, Ameixieira, amial, amieiro, arrieiro, artilharia, capitânia, cordial (adjetivo e substantivo), corriola, crânio, criar, diante, diminuir, Dinis, ferregial, Filinto, Filipe (e identicamente Filipa, Filipinas, etc.), freixial, giesta, Idanha, igual, imiscuir-se, inigualável, lampião, limiar, Lumiar, lumieiro, pátio, pior, tigela, tijolo, Vimieiro, Vimioso;

b) Com **o** e **u**: abolir, Alpendorada, assolar, borboleta, cobiça, consoada, consoar, costume, díscolo, êmbolo, engolir, epístola, esbafonir-se, esboroar, farândola, femoral, Freixoeira, girândola, goela, jocoso, mágoa, névoa, nódoa, óbolo, Páscoa, Pascoal, Pascoela, polir, Rodolfo, távoa, tavoada, távola, tômbola, veio (substantivo e forma do verbo **vir**); açular, água, aluvião, arcuense, assumir, bulir, camândulas, curtir, curtume, embutir, entupir, fémur/fêmur, fístula, glândula, ínsua, jucundo, légua, Luanda, lucubração, lugar, mangual, Manuel, míngua, Nicarágua, pontual, régua, tábua, tabuada, tabuleta, trégua, vitualha.

✦ 2º) Sendo muito variadas as condições etimológicas e histórico-fonéticas em que se fixam graficamente **e** e **i** ou **o** e **u** em sílaba átona, é evidente que só a consulta dos vocabulários ou dicionários pode indicar, muitas vezes, se deve empregar-se **e** ou **i**, se **o** ou **u**. Há, todavia, alguns casos em que o uso dessas vogais pode ser facilmente sistematizado. Convém fixar os seguintes:

a) Escrevem-se com **e**, e não com **i**, antes da sílaba tónica/tônica, os substantivos e adjetivos que procedem de substantivos terminados em **-eio** e **-eia**, ou com eles estão em relação direta. Assim se regulam: aldeão, aldeola, aldeota por aldeia; areal, areeiro, areento, Areosa por areia; aveal por aveia; baleal por baleia; cadeado por cadeia; candeeiro por candeia; centeeira e centeeiro por centeio; colmeal e colmeeiro por colmeia; correada e correame por correia;

b) Escrevem-se igualmente com **e**, antes de vogal ou ditongo da sílaba tónica/tônica, os derivados de palavras que terminam em **e** acentuado (o qual pode representar um antigo hiato: ea, ee): galeão, galeota, galeote, de galé; coreano, de Coreia; daomeano, de Daomé; guineense, de Guiné; poleame e poleeiro, de polé;

c) Escrevem-se com **i**, e não com **e**, antes da sílaba tónica/tônica, os adjetivos e substantivos derivados em que entram os sufixos mistos de formação vernácula **-iano** e -**iense**, os quais são o resultado da combinação dos sufixos **-ano** e **-ense** com um **i** de origem analógica (baseado em palavras onde **-ano** e **-ense** estão precedidos de **i** pertencente ao tema: horaciano, italiano, duriense, flaviense, etc.): açoriano, acriano (de Acre), camoniano, goisiano (relativo a Damião de Góis), siniense (de Sines), sofocliano, torriano, torriense (de Torre(s));

d) Uniformizam-se com as terminações **-io** e **-ia** (átonas), em vez de **-eo** e **-ea**, os substantivos que constituem variações, obtidas por ampliação, de outros substantivos terminados em vogal: cúmio (popular), de cume; hástia, de haste; réstia, do antigo reste, véstia, de veste;

e) Os verbos em **-ear** podem distinguir-se praticamente, grande número de vezes, dos verbos em **-iar**, quer pela formação, quer pela conjugação e formação ao mesmo tempo. Estão no primeiro caso todos os verbos que se prendem a substantivos em **-eio** ou **-eia** (sejam formados em português ou venham já do latim); assim se regulam: aldear, por aldeia; alhear, por alheio; cear, por ceia; encadear, por cadeia; pear, por peia; etc. Estão no segundo caso todos os verbos que têm normalmente flexões rizotónicas/rizotônicas em **-eio**, **-eias**, etc.: clarear, delinear, devanear, falsear, granjear, guerrear, hastear, nomear, semear, etc. Existem, no entanto, verbos em **-iar**, ligados a substantivos com as terminações átonas **-ia** ou **-io**, que admitem variantes na conjugação: negoceio ou negocio (cf. negócio); premeio ou premio (cf. prémio/prêmio); etc;

f) Não é lícito o emprego do **u** final átono em palavras de origem latina. Escreve-se, por isso: moto, em vez de mótu (por exemplo, na expressão **de moto próprio**); tribo, em vez de tribu;

g) Os verbos em **-oar** distinguem-se praticamente dos verbos em **-uar** pela sua conjugação nas formas rizotónicas/rizotônicas, que têm sempre o na sílaba acentuada: abençoar com **o**, como abençoo, abençoas, etc.; destoar, com **o**, como destoo, destoas, etc.; mas acentuar, com **u**, como acentuo, acentuas, etc.

BASE VI - DAS VOGAIS NASAIS

Na representação das vogais nasais devem observar-se os seguintes preceitos:

✦1°) Quando uma vogal nasal ocorre em fim de palavra, ou em fim de elemento seguido de hífen, representa-se a nasalidade pelo til, se essa vogal é de timbre **a**; por **m**, se possui qualquer outro timbre e termina a palavra; e por **n**, se é de timbre diverso de **a** e está seguida de **s**: afã, grã, Grã-Bretanha, lã, órfã, sã-braseiro (forma dialetal; o mesmo que são-brasense = de S. Brás de Alportel); clarim, tom, vacum; flautins, semitons, zunzuns.

✦ 2°) Os vocábulos terminados em **-ã** transmitem esta representação do **a** nasal aos advérbios em **-mente** que deles se formem, assim como a derivados em que entrem sufixos iniciados por **z**: cristãmente, irmãmente, sãmente; lãzudo, maçãzita, manhãzinha, romãzeira.

BASE VII - DOS DITONGOS

✦ 1°) Os ditongos orais, que tanto podem ser tónicos/tônicos como átonos, distribuem-se por dois grupos gráficos principais, conforme o segundo elemento do ditongo é representado por **i** ou **u**: ai, ei, éi, ui; au, eu, éu, iu, ou: braçais, caixote, deveis, eirado, farnéis (mas farneizinhos), goivo, goivar, lençóis (mas lençoizinhos), tafuis, uivar; cacau, cacaueiro, deu, endeusar, ilhéu (mas ilheuzito), mediu, passou, regougar.

Obs.: Admitem-se, todavia, excecionalmente, à parte destes dois grupos, os ditongos grafados **ae** (= âi ou ai) e **ao** (âu ou au): o primeiro, representado nos antropónimos/antropônimos Caetano e Caetana, assim como nos respectivos derivados e compostos (caetaninha, são-caetano, etc.); o segundo, representado nas combinações da preposição **a** com as formas masculinas do artigo ou pronome demonstrativo **o**, ou seja, ao e aos.

✦ 2º) Cumpre fixar, a propósito dos ditongos orais, os seguintes preceitos particulares:

a) É o ditongo grafado **ui**, e não a sequência vocálica grafada **ue**, que se emprega nas formas de 2ª e 3ª pessoas do singular do presente do indicativo e igualmente na da 2ª pessoa do singular do imperativo dos verbos em **-uir**: constituis, influi, retribui. Harmonizam-se, portanto, essas formas com todos os casos de ditongo grafado **ui** de sílaba final ou fim de palavra (azuis, fui, Guardafui, Rui, etc.); e ficam assim em paralelo gráfico-fonético com as formas de 2ª e 3ª pessoas do singular do presente do indicativo e de 2ª pessoa do singular do imperativo dos verbos em **-air** e em **-oer**: atrais, cai, sai; móis, remói, sói;

b) É o ditongo grafado **ui** que representa sempre, em palavras de origem latina, a união de um **u** a um **i** átono seguinte. Não divergem, portanto, formas como **fluido** de formas como **gratuito**. E isso não impede que nos derivados de formas daquele tipo as vogais grafadas **u** e **i** se separem: fluídico, fluidez (u-i);

c) Além dos ditongos orais propriamente ditos, os quais são todos decrescentes, admite-se, como é sabido, a existência de ditongos crescentes. Podem considerar-se no número deles as sequências vocálicas pós-tónicas/pós-tônicas, tais as que se representam graficamente por **ea**, **eo**, **ia**, **ie**, **io**, **oa**, **ua**, **ue**, **uo**: áurea, áureo, calúnia, espécie, exímio, mágoa, míngua, ténue/tênue, tríduo.

✦ 3º) Os ditongos nasais, que na sua maioria tanto podem ser tónicos/tônicos como átonos, pertencem graficamente a dois tipos fundamentais: ditongos representados por vogal com til e semivogal; ditongos representados por uma vogal seguida da consoante nasal **m**. Eis a indicação de uns e outros:

a) Os ditongos representados por vogal com til e semivogal são quatro, considerando-se apenas a língua padrão contemporânea: **ãe** (usado em vocábulos oxítonos e derivados), **ãi** (usado em vocábulos anoxítonos e derivados), **ão** e **õe**. Exemplos: cães, Guimarães, mãe, mãezinha; cãibas, cãibeiro, cãibra, zãibo; mão, mãozinha, não, quão, sótão, sotãozinho, tão; Camões, orações, oraçõezinhas, põe, repões. Ao lado de tais ditongos pode, por exemplo, colocar-se o ditongo **ui**; mas este, embora se exemplifique numa forma popular como **rui** = **ruim**, representa-se sem o til nas formas **muito** e **mui**, por obediência à tradição;

b) Os ditongos representados por uma vogal seguida da consoante nasal **m** são dois: **am** e **em**. Divergem, porém, nos seus empregos:

i) **am** (sempre átono) só se emprega em flexões verbais: amam, deviam, escreveram, puseram;

ii) **em** (tónico/tônico ou átono) emprega-se em palavras de categorias morfológicas diversas, incluindo flexões verbais, e pode apresentar variantes gráficas determinadas pela posição, pela acentuação ou, simultaneamente, pela posição e pela acentuação: bem, Bembom, Bemposta, cem, devem, nem, quem, sem, tem, virgem; Bencanta, Benfeito, Benfica, benquisto, bens, enfim, enquanto, homenzarrão, homenzinho, nuvenzinha, tens, virgens, amém (variação do ámen), armazém, convém, mantém, ninguém, porém, Santarém, também, convêm, mantêm, têm (3as pessoas do plural); armazéns, desdéns, convéns, reténs; Belenzada, vintenzinho.

BASE VIII - DA ACENTUAÇÃO GRÁFICA DAS PALAVRAS OXÍTONAS

✦ 1º) Acentuam-se com acento agudo:

a) As palavras oxítonas terminadas nas vogais tónicas/tônicas abertas grafadas **-a**, **-e** ou **-o**, seguidas ou não de **-s**: está, estás, já, olá; até, é, és, olé, pontapé(s); avó(s), dominó(s), paletó(s), só(s);

Obs.: Em algumas (poucas) palavras oxítonas terminadas em **-e** tónico/tônico, geralmente provenientes do francês, esta vogal, por ser articulada nas pronúncias cultas ora como aberta ora como fechada, admite tanto o acento agudo como o acento circunflexo: bebé ou bebê, bidé ou bidê, canapé ou canapê, caraté ou caratê, croché ou crochê, guiché ou guichê, matiné ou matinê, nené ou nenê, ponjé ou ponjê, puré ou purê, rapé ou rapê.

O mesmo se verifica com formas como **cocó** e **cocô**, **ró** (letra do alfabeto grego) e **rô**. São igualmente admitidas formas como **judô**, a par de **judo**, e **metrô**, a par de **metro**.

b) As formas verbais oxítonas, quando, conjugadas com os pronomes clíticos **lo(s)** ou **la(s)**, ficam a terminar na vogal tónica/tônica aberta grafada **-a**, após a assimilação e perda das consoantes finais grafadas **-r**, **-s** ou **-z**: adorá-lo(s) (de adorar-lo(s)), dá-la(s) (de dar-la(s) ou dá(s)-la(s), fá-lo(s) (de faz-lo(s)), fá-lo(s)-às (de far-lo(s)-ás), habitá-la(s)-iam (de habitar-la(s)-iam), trá-la(s)-á (de trar-la(s)-á);

c) As palavras oxítonas com mais de uma sílaba terminadas no ditongo nasal grafado **-em** (exceto as formas da 3ª pessoa do plural do presente do indicativo dos compostos de **ter** e **vir**: retêm, sustêm, advêm, provêm, etc ou **-ens**: acém, detém, deténs, entretém, entreténs, harém, haréns, porém, provém, provéns, também;

d) As palavras oxítonas com os ditongos abertos grafados **-éi**, **éu** ou **ói**, podendo estes dois últimos ser seguidos ou não de **-s**: anéis, batéis, fiéis, papéis, céu(s), chapéu(s), ilhéu(s), véu(s); corrói (de corroer), herói(s), remói (de remoer), sóis.

✦ 2°) Acentuam-se com acento circunflexo:

a) As palavras oxítonas terminadas nas vogais tónicas/tônicas fechadas que se grafam **-e** ou **-o**, seguidas ou não de **-s**: cortês, dê, dês (de dar), lê, lês (de ler), português, você(s); avô(s), pôs (de pôr), robô(s);

b) As formas verbais oxítonas, quando, conjugadas com os pronomes clíticos **-lo(s)** ou **-la(s)**, ficam a terminar nas vogais tónicas/tônicas fechadas que se grafam **-e** ou **-o**, após a assimilação e perda das consoantes finais grafadas **-r**, **-s** ou **-z**: detê-lo(s) (de deter-lo-(s)), fazê-la(s) (de fazer-la(s)), fê-lo(s) (de fez-lo(s)), vê-la(s) (de ver-la(s)), compô-la(s) (de compor-la(s)), repô-la(s) (de repor-la(s)), pô-la(s) (de por-la(s) ou pôs-la(s)).

✦ 3°) Prescinde-se de acento gráfico para distinguir palavras oxítonas homógrafas, mas heterofónicas/heterofônicas, do tipo de **cor** (ô), substantivo, e **cor** (ó), elemento da locução **de cor**, **colher** (ê), verbo, e **colher** (é), substantivo. Excetua-se a forma verbal **pôr**, para a distinguir da preposição **por**.

BASE IX - DA ACENTUAÇÃO GRÁFICA DAS PALAVRAS PAROXÍTONAS

✦ 1°) As palavras paroxítonas não são em geral acentuadas graficamente: enjoo, grave, homem, mesa, Tejo, vejo, velho, voo; avanço, floresta; abençoo, angolano, brasileiro; descobrimento, graficamente, moçambicano.

✦ 2°) Recebem, no entanto, acento agudo:

a) As palavras paroxítonas que apresentam, na sílaba tónica/tônica, as vogais abertas grafadas **a**, **e**, **o** e ainda **i** ou **u** e que terminam em **-l**, **-n**, **-r**, **-x** e **-ps**, assim como, salvo raras exceções, as respectivas formas do plural, algumas das quais passam a proparoxítonas: amável (pl. amáveis), Aníbal, dócil (pl. dóceis), dúctil (pl. dúcteis), fóssil (pl. fósseis), réptil (pl. répteis; var. reptil, pl. reptis); cármen (pl. cármenes ou carmens; var. carme, pl. carmes); dólmen (pl. dólmenes ou dolmens), éden (pl. édenes ou edens), líquen (pl. líquenes), lúmen (pl. lúmenes ou lumens); açúcar (pl. açúcares), almíscar (pl. almíscares), cadáver (pl. cadáveres), caráter ou carácter (mas pl. carateres ou caracteres), ímpar (pl. ímpares); Ájax, córtex (pl. córtex; var. córtice, pl. córtices), índex (pl. índex; var. índice, pl. índices), tórax (pl. tórax ou tóraxes; var. torace, pl. toraces); bíceps (pl. bíceps; var. bicípite, pl. bicípites), fórceps (pl. fórceps; var. fórcipe, pl. fórcipes);

Obs.: Muito poucas palavras deste tipo, com as vogais tónicas/tônicas grafadas **e** e **o** em fim de sílaba, seguidas das consoantes nasais grafadas **m** e **n**, apresentam oscilação de timbre nas pronúncias cultas da língua e, por conseguinte, também de acento gráfico (agudo ou circunflexo): sémen e sêmen, xénon e xênon; fémur e fêmur, vómer e vômer; Fénix e Fênix, ónix e ônix.

b) As palavras paroxítonas que apresentam, na sílaba tónica/tônica, as vogais abertas grafadas **a**, **e**, **o** e ainda **i** ou **u** e que terminam em **-ã(s)**, **-ão(s)**, **-ei(s)**, **-i(s)**, **-um**, **-uns** ou **-us**: órfã (pl. órfãs), acórdão (pl. acórdãos), órgão (pl. órgãos), sótão (pl. sótãos); hóquei, jóquei (pl. jóqueis), amáveis (pl. de amável), fáceis (pl. de fácil), fósseis (pl. de fóssil), amáreis (de amar), amáveis (id.), cantaríeis (de cantar), fizéreis (de fazer), fizésseis (id.), beribéri (pl. beribéris), bílis (sg. e pl.), íris (sg. e pl.), júri (pl. júris), oásis (sg. e pl.); álbum (pl. álbuns), fórum (pl. fóruns); húmus (sg. e pl.), vírus (sg. e pl.).

Obs.: Muito poucas paroxítonas deste tipo, com as vogais tónicas/tônicas grafadas **e** e **o** em fim de sílaba, seguidas das consoantes nasais grafadas **m** e **n**, apresentam oscilação de timbre nas pronúncias cultas da língua, o qual é assinalado com acento agudo, se aberto, ou circunflexo, se fechado: pónei e pônei; gónis e gônis; pénis e pênis; ténis e tênis; bónus e bônus; ónus e ônus; tónus e tônus; Vénus e Vênus.

✦ 3°) Não se acentuam graficamente os ditongos representados por **ei** e **oi** da sílaba tónica/tônica das palavras paroxítonas, dado que existe oscilação em muitos casos entre o fechamento e a abertura na sua articulação: assembleia, boleia, ideia, tal como aldeia, baleia, cadeia, cheia, meia; coreico, epopeico, onomatopeico, proteico; alcaloide, apoio (do verbo apoiar), tal como apoio (subst.), Azoia, boia, boina, comboio (subst.), tal como comboio, comboias, etc. (do verbo comboiar), dezoito, estroina, heroico, introito, jiboia, moina, paranoico, zoina.

✦ 4°) É facultativo assinalar com acento agudo as formas verbais de pretérito perfeito do indicativo, do tipo amámos, louvámos, para as distinguir das correspondentes formas do presente do indicativo (amamos, louvamos), já que o timbre da vogal tónica/tônica é aberto naquele caso em certas variantes do português.

✦ 5º) Recebem acento circunflexo:

a) As palavras paroxítonas que contêm, na sílaba tónica/tônica, as vogais fechadas com a grafia **a**, **e**, **o** e que terminam em **-l**, **-n**, **-r** ou **-x**, assim como as respectivas formas do plural, algumas das quais se tornam proparoxítonas: cônsul (pl. cônsules), pênsil (pl. pênseis), têxtil (pl. têxteis); cânon, var. cânone (pl. cânones), plâncton (pl. plânctons); Almodôvar, aljôfar (pl. aljôfares), âmbar (pl. âmbares), Câncer, Tânger; bômbax (sg. e pl.), bômbix, var. bômbice (pl. bômbices);

b) As palavras paroxítonas que contêm, na sílaba tónica/tônica, as vogais fechadas com a grafia **a**, **e**, **o** e que terminam em **-ão(s)**, **-eis**, **-i(s)** ou **-us**: bênção(s), côvão(s), Estêvão, zângão(s); devêreis (de dever), escrevêsseis (de escrever), fôreis (de ser e ir), fôsseis (id.), pênseis (pl. de pênsil), têxteis (pl. de têxtil); dândi(s), Mênfis; ânus;

c) As formas verbais **têm** e **vêm**, 3ªs pessoas do plural do presente do indicativo de **ter** e **vir**, que são foneticamente paroxítonas (respectivamente / tãjãj /, / vãjã / ou / teej /, / veej / ou ainda / tejej /, / vejej /; cf. as antigas grafias preteridas, têem, vêem), a fim de se distinguirem de **tem** e **vem**, 3ªs pessoas do singular do presente do indicativo ou 2ªs pessoas do singular do imperativo; e também as correspondentes formas compostas, tais como: abstêm (cf. abstém), advêm (cf. advém), contêm (cf. contém), convêm (cf. convém), desconvêm (cf. desconvém), detêm (cf. detém), entretêm (cf. entretém), intervêm (cf. intervém), mantêm (cf. mantém), obtêm (cf. obtém), provêm (cf. provém), sobrevêm (cf. sobrevém).

Obs.: Também neste caso são preteridas as antigas grafias detêem, intervêem, mantêem, provêem, etc.

✦ 6º) Assinalam-se com acento circunflexo:

a) Obrigatoriamente, **pôde** (3ª pessoa do singular do pretérito perfeito do indicativo), no que se distingue da correspondente forma do presente do indicativo (pode);

b) Facultativamente, **dêmos** (1ª pessoa do plural do presente do conjuntivo), para se distinguir da correspondente forma do pretérito perfeito do indicativo (demos); **fôrma** (substantivo), distinta de **for-**

ma (substantivo; 3ª pessoa do singular do presente do indicativo ou 2ª pessoa do singular do imperativo do verbo **formar**).

✦ 7º) Prescinde-se de acento circunflexo nas formas verbais paroxítonas que contêm um **e** tónico/tônico oral fechado em hiato com a terminação **-em** da 3ª pessoa do plural do presente do indicativo ou do conjuntivo, conforme os casos: creem, deem (conj.), descreem, desdeem (conj.), leem, preveem, redeem (conj.), releem, reveem, tresleem, veem.

✦ 8º) Prescinde-se igualmente do acento circunflexo para assinalar a vogal tónica/tônica fechada com a grafia **o** em palavras paroxítonas como **enjoo**, substantivo e flexão de **enjoar**, **povoo**, flexão de **povoar**, **voo**, substantivo e flexão de **voar**, etc.

✦ 9º) Prescinde-se, quer do acento agudo, quer do circunflexo, para distinguir palavras paroxítonas que, tendo respectivamente vogal tónica/tônica aberta ou fechada, são homógrafas de palavras proclíticas. Assim, deixam de se distinguir pelo acento gráfico: **para** (á), flexão de **parar**, e **para**, preposição; **pela(s)** (é), substantivo e flexão de **pelar**, e **pela(s)**, combinação de **per** e **la(s)**; **pelo** (é), flexão de **pelar**, **pelo(s)** (ê), substantivo ou combinação de **per** e **lo(s)**; **polo(s)** (ó), substantivo, e **polo(s)**, combinação antiga e popular de **por** e **lo(s)**; etc.

✦ 10º) Prescinde-se igualmente de acento gráfico para distinguir paroxítonas homógrafas heterofónicas/heterofônicas do tipo de **acerto** (ê), substantivo, e **acerto** (é), flexão de **acertar**; **acordo** (ô), substantivo, e **acordo** (ó), flexão de **acordar**; **cerca** (ê), substantivo, advérbio e elemento da locução prepositiva **cerca de**, e **cerca** (é), flexão de **cercar**; **coro** (ô), substantivo, e **coro** (ó), flexão de **corar**; **deste** (ê), contracção da preposição **de** com o demonstrativo **este**, e **deste** (é), flexão de **dar**; **fora** (ô), flexão de **ser** e **ir**, e **fora** (ó), advérbio, interjeição e substantivo; **piloto** (ô), substantivo, e **piloto** (ó), flexão de **pilotar**, etc.

BASE X - DA ACENTUAÇÃO DAS VOGAIS TÓNICAS/TÔNICAS GRAFADAS I E U DAS PALAVRAS OXÍTONAS E PAROXÍTONAS

✦ 1º) As vogais tónicas/tônicas grafadas **i** e **u** das palavras oxítonas e paroxítonas levam acento agudo quando antecedidas de uma vogal com que não formam ditongo e desde de que não constituam sílaba com a eventual consoante seguinte, excetuando o caso de **s**: adaís (pl. de adail), aí, atraí (de atrair), baú, caís (de cair), Esaú, Jacuí, Luís, país, etc.; alaúde, amiúde, Araújo, Ataíde, atraíam (de atrair), atraísse (id.), baía, balaústre, cafeína, ciúme, egoísmo, faísca, faúlha, graúdo, influíste (de influir), juízes, Luísa, miúdo, paraíso, raízes, recaída, ruína, saída, sanduíche, etc.

✦ 2º) As vogais tónicas/tônicas grafadas **i** e **u** das palavras oxítonas e paroxítonas não levam acento agudo quando, antecedidas de vogal com que não formam ditongo, constituem sílaba com a consoante seguinte, como é o caso de **nh**, **l**, **m**, **n**, **r** e **z**: bainha, moinho, rainha; adail, paul, Raul; Aboim, Coimbra, ruim; ainda, constituinte, oriundo, ruins, triunfo; atrair, demiurgo, influir, influirmos; juiz, raiz; etc.

✦ 3º) Em conformidade com as regras anteriores leva acento agudo a vogal tónica/tônica grafada **i** das formas oxítonas terminadas em **r** dos verbos em **-air** e **-uir**, quando estas se combinam com as formas pronominais clíticas **-lo(s)**, **-la(s)**, que levam à assimilação e perda daquele **-r**: atraí-lo(s,) (de atrair-lo(s)); atraí-lo(s)-ia (de atrair-lo(s) -ia); possuí-la(s) (de possuir-la(s)); possuí-la(s)-ia (de possuir-la(s)-ia).

✦ 4º) Prescinde-se do acento agudo nas vogais tónicas/tônicas grafadas **i** e **u** das palavras paroxítonas, quando elas estão precedidas de ditongo: baiuca, boiuno, cauila (var. cauira), cheiinho (de cheio), saiinha (de saia).

✦ 5º) Levam, porém, acento agudo as vogais tónicas/tônicas grafadas **i** e **u** quando, precedidas de ditongo, pertencem a palavras oxítonas e estão em posição final ou seguidas de **s**: Piauí, teiú, teiús, tuiuiú, tuiuiús.

Obs.: Se, neste caso, a consoante final for diferente de **s**, tais vogais dispensam o acento agudo: caium.

✦ 6º) Prescinde-se do acento agudo nos ditongos tónicos/tônicos grafados **iu** e **ui**, quando precedidos de vogal: distraiu, instruiu, pauis (pl. de paul).

✦ 7º) Os verbos aguir e redarguir prescindem do acento agudo na vogal tónica/tônica grafada **u** nas formas rizotónicas/rizotônicas: arguo, arguis, argui, arguem; argua, arguas, argua, arguam. Os verbos do tipo de aguar, apaniguar, apaziguar, apropinquar, averiguar, desaguar, enxaguar, obliquar, delinquir e afins, por oferecerem dois paradigmas, ou têm as formas rizotónicas/rizotônicas igualmente acentuadas no **u** mas sem marca gráfica (a exemplo de averiguo, averiguas, averigua, averiguam; averigue, averigues, averigue, averiguem; enxaguo, enxaguas, enxagua, enxaguam; enxague, enxagues, enxague, enxaguem, etc.; delinquo, delinquis, delinqui, delinquem; mas delinquimos, delinquís) ou têm as formas rizotónicas/rizotônicas acentuadas fónica/fônica e graficamente nas vogais **a** ou **i** radicais (a exemplo de averíguo, averíguas, averígua, averíguam; averígue, averígues, averígue, averíguem; enxáguo, enxáguas, enxágua, enxáguam; enxágue, enxágues, enxágue, enxáguem; delínquo, delínques, delínque, delínquem; delínqua, delínquas, delínqua, delínquam).

Obs.: Em conexão com os casos acima referidos, registre-se que os verbos em **-ingir** (atingir, cingir, constringir, infringir, tingir, etc.) e os verbos em **-inguir** sem prolação do **u** (distinguir, extinguir, etc.), têm grafias absolutamente regulares (atinjo, atinja, atinge, atingimos, etc.; distingo, distinga, distingue, distinguimos, etc.).

BASE XI - DA ACENTUAÇÃO GRÁFICA DAS PALAVRAS PROPAROXÍTONAS

✦ 1º) Levam acento agudo:

a) As palavras proparoxítonas que apresentam na sílaba tónica/tônica as vogais abertas grafadas **a**, **e**, **o** e ainda **i**, **u** ou ditongo oral começado por vogal aberta: árabe, cáustico, Cleópatra, esquálido, exército, hidráulico, líquido, míope, músico, plástico, prosélito, público, rústico, tétrico, último;

b) As chamadas proparoxítonas aparentes, isto é, que apresentam na sílaba tónica/tônica as vogais abertas grafadas **a**, **e**, **o** e ainda **i**, **u** ou ditongo oral começado por vogal aberta, e que terminam por sequências vocálicas pós-tónicas/pós-tônicas praticamente consideradas como ditongos crescentes (-ea, -eo, -ia, -ie, -io, -oa, -ua, -uo, etc.): álea, náusea; etéreo, níveo; enciclopédia, glória, barbárie, série; lírio, prélio; mágoa, nódoa; exígua, língua; exíguo, vácuo.

✦ 2º) Levam acento circunflexo:

a) As palavras proparoxítonas que apresentam na sílaba tónica/tônica vogal fechada ou ditongo com a vogal básica fechada: anacreôntico, brêtema, cânfora, cômputo, devêramos (de dever), dinâmico, êmbolo, excêntrico, fôssemos (de ser e ir), Grândola, hermenêutica, lâmpada, lôstrego, lôbrego, nêspera, plêiade, sôfrego, sonâmbulo, trôpego;

b) As chamadas proparoxítonas aparentes, isto é, que apresentam vogais fechadas na sílaba tónica/tônica, e terminam por sequências vocálicas pós-tónicas/pós-tônicas praticamente consideradas como ditongos crescentes: amêndoa, argênteo, côdea, Islândia, Mântua, serôdio.

✦3º) Levam acento agudo ou acento circunflexo as palavras proparoxítonas, reais ou aparentes, cujas vogais tónicas/tônicas grafadas **e** ou **o** estão em final de sílaba e são seguidas das consoantes nasais grafadas **m** ou **n**, conforme o seu timbre é, respetivamente, aberto ou fechado nas pronúncias cultas da língua: académico/acadêmico, anatómico/anatômico, cénico/cênico, cómodo/cômodo, fenómeno/fenômeno, género/gênero, topónimo/topônimo; Amazónia/Amazônia, António/Antônio, blasfémia/blasfêmia, fémea/fêmea, gémeo/gêmeo, génio/gênio, ténue/tênue.

BASE XII - DO EMPREGO DO ACENTO GRAVE

✦ 1º) Emprega-se o acento grave:

a) Na contração da preposição **a** com as formas femininas do artigo ou pronome demonstrativo **o**: à (de a+a), às (de a+as);

b) Na contração da preposição **a** com os demonstrativos **aquele**, **aquela**, **aqueles**, **aquelas** e **aquilo** ou ainda da mesma preposição com os compostos **aqueloutro** e suas flexões: àquele(s), àquela(s), àquilo; àqueloutro(s), àqueloutra(s).

BASE XIII - DA SUPRESSÃO DOS ACENTOS EM PALAVRAS DERIVADAS

✦ 1º) Nos advérbios em **-mente**, derivados de adjetivos com acento agudo ou circunflexo, estes são suprimidos: avidamente (de ávido), debilmente (de débil), facilmente (de fácil), habilmente (de hábil), ingenuamente (de ingénuo), lucidamente (de lúcido), mamente (de má), somente (de só), unicamente (de único), etc.; candidamente (de cândido), cortesmente (de cortês), dinamicamente (de dinâmico), espontaneamente (de espontâneo), portuguesmente (de português), romanticamente (de romântico).

✦ 2º) Nas palavras derivadas que contêm sufixos iniciados por **z** e cujas formas de base apresentam vogal tónica/tônica com acento agudo ou circunflexo, estes são suprimidos: aneizinhos (de anéis), avozinha (de avó), bebezito (de bebé), cafezada (de café), chepeuzinho (de chapéu), chazeiro (de chá), heroizito (de herói), ilheuzito (de ilhéu), mazinha (de má), orfãozinho (de órfão), vintenzito (de vintém), etc.;

avozinho (de avô), bençãozinha (de bênção), lampadazita (de lâmpada), pessegozito (de pêssego).

BASE XIV - DO TREMA

✦ O trema, sinal de diérese,[8] é inteiramente suprimido em palavras portuguesas ou aportuguesadas. Nem sequer se emprega na poesia, mesmo que haja separação de duas vogais que normalmente formam ditongo: **saudade**, e não **saüdade**, ainda que tetrassílabo: **saudar**, e não **saüdar**, ainda que trissílabo; etc.

Em virtude desta supressão, abstrai-se de sinal especial, quer para distinguir, em sílaba átona, um **i** ou um **u** de uma vogal da sílaba anterior, quer para distinguir, também em sílaba átona, um **i** ou um **u** de um ditongo precedente, quer para distinguir, em sílaba tónica/tônica ou átona, o **u** de **gu** ou de **qu** de um **e** ou **i** seguintes: arruinar, constituiria, depoimento, esmiuçar, faiscar, faulhar, oleicultura, paraibano, reunião; abaiucado, auiqui, caiuá, cauixi, piauiense; aguentar, anguiforme, arguir, bilíngue (ou bilingue), lingueta, linguista, linguístico; cinquenta, equestre, frequentar, tranquilo, ubiquidade.

---

8 Passagem de ditongo a hiato. Cf. HOUAISS, A.; VILLAR, M. de S. *Dicionário Houaiss da Língua Portuguesa*. Rio de Janeiro: Objetiva, 2001. p. 1037. (N. da E.)

Obs.: Conserva-se, no entanto, o trema, de acordo com a Base I, 3°, em palavras derivadas de nomes próprios estrangeiros: hübneriano, de Hübner, mülleriano, de Müller, etc.

BASE XV - DO HÍFEN EM COMPOSTOS, LOCUÇÕES E ENCADEAMENTOS VOCABULARES

✦ 1°) Emprega-se o hífen nas palavras compostas por justaposição que não contêm formas de ligação e cujos elementos, de natureza nominal, adjetival, numeral ou verbal, constituem uma unidade sintagmática e semântica e mantêm acento próprio, podendo dar-se o caso de o primeiro elemento estar reduzido: ano-luz, arce-bispo-bispo, arco-íris, decreto-lei, és-sueste, médico-cirurgião, rainha-cláudia, tenente-coronel, tio-avô, turma-piloto; alcaide-mor, amor-perfeito, guarda-noturno, mato-grossense, norte-americano, porto-alegrense, sul-africano; afro-asiático, afro-luso-brasileiro, azul-escuro, luso-brasileiro, primeiro-ministro, primeiro-sargento, primo-infeção, segunda-feira; conta-gotas, finca-pé, guarda-chuva.

Obs.: Certos compostos, em relação aos quais se perdeu, em certa medida, a noção de composição, grafam-se aglutinadamente: girassol, madressilva, mandachuva, pontapé, paraquedas, paraquedista, etc.

✦ 2°) Emprega-se o hífen nos topónimos/topônimos compostos, iniciados pelos adjetivos **grã**, **grão** ou por forma verbal ou cujos elementos estejam ligados por artigo: Grã-Bretanha, Grão-Pará; Abre-Campo; Passa-Quatro, Quebra-Costas, Quebra-Dentes, Traga-Mouros, Trinca-Fortes; Albergaria-a-Velha, Baía de Todos-os-Santos, Entre-os-Rios, Montemor-o-Novo, Trás-os-Montes.

Obs.: Os outros topónimos/topônimos compostos escrevem-se com os elementos separados, sem hífen: América do Sul, Belo Horizonte, Cabo Verde, Castelo Branco, Freixo de Espada à Cinta, etc. O topónimo/topônimo Guiné-Bissau é, contudo, uma exceção consagrada pelo uso.

✦ 3°) Emprega-se o hífen nas palavras compostas que designam espécies botânicas e zoológicas, estejam ou não ligadas por preposição ou qualquer outro elemento: abóbora-menina, couve-flor, erva-doce, feijão-verde; benção-de-deus, erva-do-chá, ervilha-de-cheiro, fava-de-santo-inâcio, bem-me-quer (nome de planta que também se dá à margarida e ao malmequer); andorinha-grande, cobra-capelo, formiga-branca; andorinha-do-mar, cobra-d'água, lesma-de-conchinha; bem-te-vi (nome de um pássaro).

✦ 4°) Emprega-se o hífen nos compostos com os advérbios **bem** e **mal**, quando estes formam com o elemento que se lhes segue uma unidade sintagmática e semântica e tal elemento começa por vogal ou **h**. No entanto, o advérbio **bem**, ao contrário de **mal**, pode não se aglutinar com palavras começadas por consoante. Eis alguns exemplos das várias situações: bem-aventurado, bem-estar, bem-humorado; mal-afortunado, mal-estar, mal-humorado; bem-criado (cf. malcriado), bem-ditoso (cf. malditoso), bem-falante (cf. malfalante), bem-mandado (cf. malmandado), bem-nascido (cf. malnascido), bem-soante (cf. malsoante), bem-visto (cf. malvisto).

Obs.: Em muitos compostos, o advérbio **bem** aparece aglutinado com o segundo elemento, quer este tenha ou não vida à parte: benfazejo, benfeito, benfeitor, benquerença, etc.

✦ 5°) Emprega-se o hífen nos compostos com os elementos **além**, **aquém**, **recém** e **sem**: além-Atlântico, além-mar, além-fronteiras; aquém-mar, aquém-Pireneus; recém-casado, recém-nascido; sem-cerimônia, sem-número, sem-vergonha.

✦ 6º) Nas locuções de qualquer tipo, sejam elas substantivas, adjetivas, pronominais, adverbiais, prepositivas ou conjuncionais, não se emprega em geral o hífen, salvo algumas exceções já consagradas pelo uso (como é o caso de água-de-colônia, arco-da-velha, cor-de-rosa, mais-que-perfeito, pé-de-meia, ao deus-dará, à queima-roupa). Sirvam, pois, de exemplo de emprego sem hífen as seguintes locuções:

a) Substantivas: cão de guarda, fim de semana, sala de jantar;

b) Adjetivas: cor de açafrão, cor de café com leite, cor de vinho;

c) Pronominais: cada um, ele próprio, nós mesmos, quem quer que seja;

d) Adverbiais: à parte (note-se o substantivo **aparte**), à vontade, de mais (locução que se contrapõe a **de menos**; note-se **demais**, advérbio, conjunção, etc.), depois de amanhã, em cima, por isso;

e) Prepositivas: abaixo de, acerca de, acima de, a fim de, a par de, à parte de, apesar de, aquando de, debaixo de, enquanto a, por baixo de, por cima de, quanto a;

f) Conjuncionais: a fim de que, ao passo que, contanto que, logo que, por conseguinte, visto que.

✦ 7º) Emprega-se o hífen para ligar duas ou mais palavras que ocasionalmente se combinam, formando, não propriamente vocábulos, mas encadeamentos vocabulares (tipo: a divisa Liberdade-Igualdade-Fraternidade, a ponte Rio-Niterói, o percurso Lisboa-Coimbra-Porto, a ligação Angola-Moçambique) e bem assim nas combinações históricas ou ocasionais de topónimos/topônimos (tipo: Áustria-Hungria, Alsácia-Lorena, Angola-Brasil, Tóquio-Rio de Janeiro, etc.).

BASE XVI - DO HÍFEN NAS FORMAÇÕES POR PREFIXAÇÃO, RECOMPOSIÇÃO E SUFIXAÇÃO

✦ 1º) Nas formações com prefixos (como, por exemplo: ante-, anti-, circum-, co-, contra-, entre-, extra-, hiper-, infra-, intra-, pós-, pré-, pró-, sobre-, sub-, super-, supra-, ultra-, etc.) e em formações por recomposição, isto é, com elementos não autónomos ou falsos prefixos, de origem grega e latina (tais como: aero-, agro-, arqui-, auto-, bio-, eletro-, geo-, hidro-, inter-, macro-, maxi-, micro-, mini-, multi-, neo-, pan-, pluri-, proto-, pseudo-, retro-, semi-, tele-, etc.), só se emprega o hífen nos seguintes casos:

a) Nas formações em que o segundo elemento começa por **h**: anti-higiénico/anti-higiênico, circum-hospitalar, co-herdeiro, contra-harmónico/contra-harmônico, extra-humano, pré-história, sub-hepático, super-homem, ultra-hiperbólico; arqui-hipérbole, eletro-higrómetro, geo-história, neo-helénico/neo-helênico, pan-helenismo, semi-hospitalar;

Obs.: Não se usa, no entanto, o hífen em formações que contêm em geral os prefixos **des-** e **in-** e nas quais o segundo elemento perdeu o **h** inicial: desumano, desumidificar; inábil, inumano, etc.

b) Nas formações em que o prefixo ou pseudoprefixo termina na mesma vogal com que se inicia o segundo elemento: anti-ibérico, contra-almirante, infra-axilar, supra-auricular; arqui-irmandade, auto-observação, eletro-ótica, micro-onda, semi-interno;

Obs.: Nas formações com o prefixo **co-**, este aglutina-se em geral com o segundo elemento mesmo quando iniciado por **o**: coobrigação, coocupante, coordenar, cooperação, cooperar, etc.

c) Nas formações com os prefixos **circum-** e **pan-**, quando o segundo elemento começa por vogal, **m** ou **n** (além de **h**, caso já considerado atrás na alínea *a*): circum-escolar, circum-murado, circum-navegação; pan-africano, pan-mágico, pan-negritude;

d) Nas formações com os prefixos **hiper-**, **inter-** e **super-**, quando combinados com elementos iniciados por **r**: hiper-requintado, inter-resistente, super-revista;

e) Nas formações com os prefixos **ex-** (com o sentido de estado anterior ou cessamento), **sota-**, **soto-**, **vice-** e **vizo-**: ex-almirante, ex-diretor, ex-hospedeira, ex-presidente, ex-primeiro-ministro, ex-rei; sota-piloto, soto-mestre, vice-presidente, vice-reitor, vizo-rei;

f) Nas formações com os prefixos tónicos/tônicos acentuados graficamente **pós-**, **pré-** e **pró-**, quando o segundo elemento tem vida à parte (ao contrário do que acontece com as correspondentes formas átonas que se aglutinam com o elemento seguinte): pós-graduação, pós-tónico/pós-tônicos (mas pospor); pré-escolar, pré-natal (mas prever); pró-africano, pró-europeu (mas promover).

✦ 2º) Não se emprega, pois, o hífen:

a) Nas formações em que o prefixo ou falso prefixo termina em vogal e o segundo elemento começa por **r** ou **s**, devendo estas consoantes duplicar-se, prática aliás já generalizada em palavras deste tipo pertencentes aos domínios científico e técnico. Assim: antirreligioso, antissemita, contrarregra, contrassenha, cosseno, extrarregular, infrassom, minissaia, tal como biorritmo, biossatélite, eletrossiderurgia, microssistema, microrradiografia;

b) Nas formações em que o prefixo ou pseudoprefixo termina em vogal e o segundo elemento começa por vogal diferente, prática esta em geral já adotada também para os termos técnicos e científicos. Assim: antiaéreo, coeducaçao, extraescolar, aeroespacial, autoestrada, autoaprendizagem, agroindustrial, hidroelétrico, plurianual.

✦ 3º) Nas formações por sufixação apenas se emprega o hífen nos vocábulos terminados por sufixos de origem tupi-guarani que representam formas adjetivas, como **açu**, **guaçu** e **mirim**, quando o primeiro elemento acaba em vogal acentuada graficamente ou quando a pronúncia exige a distinção gráfica dos dois elementos: amoré-guaçu, anajá-mirim, andá-açu, capim-açu, Ceará-Mirim.

BASE XVII - DO HÍFEN NA ÊNCLISE, NA TMESE[9] E COM O VERBO HAVER

✦ 1º) Emprega-se o hífen na ênclise e na tmese: amá-lo, dá-se, deixa-o, partir-lhe; amá-lo-ei, enviar-lhe-emos.

9 O mesmo que *mesóclise*, ou ainda, separação de dois elementos que compõem uma palavra pela inserção de um termo intermediário. Cf. HOUAISS, A.; VILLAR, M. de S. *Dicionário Houaiss da Língua Portuguesa*. Rio de Janeiro: Objetiva, 2001. p. 2727. (N. da E.)

✦ 2º) Não se emprega o hífen nas ligações da preposição **de** às formas monossilábicas do presente do indicativo do verbo **haver**: hei de, hás de, hão de, etc.

Obs.: 1. Embora estejam consagradas pelo uso as formas verbais **quer** e **requer**, dos verbos **querer** e **requerer**, em vez de **quere** e **requere**, estas últimas formas conservam-se, no entanto, nos casos de ênclise: quere-o(s), requere-o(s). Nestes contextos, as formas (legítimas, aliás) **qué-lo** e **requé-lo** são pouco usadas. 2. Usa-se também o hífen nas ligações de formas pronominais enclíticas ao advérbio **eis** (eis-me, ei-lo) e ainda nas combinações de formas pronominais do tipo **no-lo**, **vo-las**, quando em próclise (por ex.: esperamos que no-lo comprem).

BASE XVIII - DO APÓSTROFO

✦ 1º) São os seguintes os casos de emprego do apóstrofo:

a) Faz-se uso do apóstrofo para cindir graficamente uma contração ou aglutinação vocabular, quando um elemento ou fração respectiva pertence propriamente a um conjunto vocabular distinto:

d' Os Lusíadas, d' Os Sertões; n' Os Lusíadas, n' Os Sertões; pel' Os Lusíadas, pel' Os Sertões. Nada obsta, contudo, a que estas escritas sejam substituídas por empregos de preposições íntegras, se o exigir razão especial de clareza, expressividade ou ênfase: de Os Lusíadas, em Os Lusíadas, por Os Lusíadas, etc.

As cisões indicadas são análogas às dissoluções gráficas que se fazem, embora sem emprego do apóstrofo, em combinações da preposição **a** com palavras pertencentes a conjuntos vocabulares imediatos: a A Relíquia, a Os Lusíadas (exemplos: importância atribuída a A Relíquia; recorro a Os Lusíadas). Em tais casos, como é óbvio, entende-se que a dissolução gráfica nunca impede na leitura a combinação fonética: a A = à, a Os = aos, etc.

b) Pode cindir-se por meio do apóstrofo uma contração ou aglutinação vocabular, quando um elemento ou fração respectiva é forma pronominal e se lhe quer dar realce com o uso de maiúscula: d'Ele, n'Ele, d'Aquele, n'Aquele, d'O, n'O, pel'O, m'O, t'O, lh'O, casos em que a segunda parte, forma masculina, é aplicável a Deus, a Jesus, etc.; d'Ela, n'Ela, d'Aquela, n'Aquela, d'A, n'A, pel'A, m'A, t'A, lh'A, casos em que a segunda parte, forma feminina, é aplicável à mãe de Jesus, à Providência, etc. Exemplos frásicos: confiamos n'O que nos salvou;

esse milagre revelou-m'O; está n'Ela a nossa esperança; pugnemos pel'A que é nossa padroeira.

À semelhança das cisões indicadas, pode dissolver-se graficamente, posto que sem uso do apóstrofo, uma combinação da preposição **a** com uma forma pronominal realçada pela maiúscula: a O, a Aquele, a Aquela (entendendo-se que a dissolução gráfica nunca impede na leitura a combinação fonética: a O = ao, a Aquela = àquela, etc.). Exemplos frásicos: a O que tudo pode; a Aquela que nos protege.

c) Emprega-se o apóstrofo nas ligações das formas **santo** e **santa** a nomes do hagiológio,[10] quando importa representar a elisão das vogais finais **o** e **a**: Sant'Ana, Sant'Iago, etc. É, pois, correto escrever: Calçada de Sant'Ana, Rua de Sant'Ana; culto de Sant'Iago, Ordem de Sant'Iago. Mas, se as ligações deste género, como é o caso destas mesmas Sant'Ana e Sant'Iago, se tornam perfeitas unidades mórficas, aglutinam-se os dois elementos: Fulano de Santana, ilhéu de Santana, Santana de Parnaíba; Fulano de Santiago, ilha de Santiago, Santiago do Cacém.

Em paralelo com a grafia **Sant'Ana** e congéneres, emprega-se também o apóstrofo nas ligações

10 Catálogo de santos. Cf. HOUAISS, A.; VILLAR, M. de S. *Dicionário Houaiss da Língua Portuguesa*. Rio de Janeiro: Objetiva, 2001. p. 1503. (N. da E.)

de duas formas antroponímicas, quando é necessário indicar que na primeira se elide um **o** final: Nun'Álvares, Pedr'Eanes.

Note-se que nos casos referidos as escritas com apóstrofo, indicativas de elisão,[11] não impedem, de modo algum, as escritas sem apóstrofo: Santa Ana, Nuno Álvares, Pedro Álvares, etc;

d) Emprega-se o apóstrofo para assinalar, no interior de certos compostos, a elisão do **e** da preposição **de**, em combinação com substantivos: borda-d'água, cobra-d'água, copo-d'água, estrela-d'alva, galinha-d'água, mãe-d'água, pau-d'água, pau d'alho, pau-d'arco, pau-d'óleo.

✦ 2°) São os seguintes os casos em que não se usa o apóstrofo:

Não é admissível o uso do apóstrofo nas combinações das preposições **de** e **em** com as formas do artigo definido, com formas pronominais diversas e com formas adverbiais (excetuado o que se estabelece nas alíneas *1° "a"* e *1° "b"*). Tais combinações são representadas:

11 Modificação fonética decorrente do desaparecimento da vogal final átona diante da inicial vocálica da palavra seguinte. Cf. HOUAISS, A.; VILLAR, M. de S. *Dicionário Houaiss da Língua Portuguesa*. Rio de Janeiro: Objetiva, 2001. p. 1112. (N. da E.)

a) Por uma só forma vocabular, se constituem, de modo fixo, uniões perfeitas:

i) do, da, dos, das; dele, dela, deles, delas; deste, desta, destes, destas, disto; desse, dessa, desses, dessas, disso; daquele, daquela, daqueles, daquelas, daquilo; destoutro, destoutra, destoutros, destoutras; dessoutro, dessoutra, dessoutros, dessoutras; daqueloutro, daqueloutra, daqueloutros, daqueloutras; daqui; daí; dali; dacolá; donde; dantes (= antigamente);

ii) no, na, nos, nas; nele, nela, neles, nelas; neste, nesta, nestes, nestas, nisto; nesse, nessa, nesses, nessas, nisso; naquele, naquela, naqueles, naquelas, naquilo; nestoutro, nestoutra, nestoutros, nestoutras; nessoutro, nessoutra, nessoutros, nessoutras; naqueloutro, naqueloutra, naqueloutros, naqueloutras; num, numa, nuns, numas; noutro, noutra, noutros, noutras, noutrem; nalgum, nalguma, nalguns, nalgumas, nalguém;

b) Por uma ou duas formas vocabulares, se não constituem, de modo fixo, uniões perfeitas (apesar de serem correntes com esta feição em algumas pronúncias): de um, de uma, de uns, de umas, ou dum, duma, duns, dumas; de algum, de alguma, de alguns, de algumas, de alguém, de algo, de algures, de alhures, ou dalgum, dalguma, dalguns, dalgumas, dalguém, dalgo, dalgures, dalhures; de outro, de outra, de outros, de outras, de outrem, de outrora, ou doutro, doutra, doutros, doutras, doutrem, doutrora; de aquém ou daquém; de além ou dalém; de entre ou dentre.

De acordo com os exemplos deste último tipo, tanto se admite o uso da locução adverbial **de ora avante** como do advérbio que representa a contração dos seus três elementos: **doravante**.

Obs.: Quando a preposição **de** se combina com as formas articulares ou pronominais **o**, **a**, **os**, **as**, ou com quaisquer pronomes ou advérbios começados por vogal, mas acontece estarem essas palavras integradas em construções de infinitivo, não se emprega o apóstrofo, nem se funde a preposição com a forma imediata, escrevendo-se estas duas separadamente: a fim de ele compreender; apesar de o não ter visto; em virtude de os nossos pais serem bondosos; o facto de o conhecer; por causa de aqui estares.

BASE XIX - DAS MINÚSCULAS E MAIÚSCULAS

✦1º) A letra minúscula inicial é usada:

a) Ordinariamente, em todos os vocábulos da língua nos usos correntes;

b) Nos nomes dos dias, meses, estações do ano: segunda-feira; outubro; primavera;

c) Nos bibliónimos/bibliônimos[12] (após o primeiro elemento, que é com maiúscula, os demais vocábulos, podem ser escritos com minúscula, salvo nos nomes próprios nele contidos, tudo em grifo): O Senhor do paço de Ninães, O Senhor do paço de Ninães, Menino de engenho, Árvore e Tambor ou Árvore e tambor;

d) Nos usos de fulano, sicrano, beltrano;

e) Nos pontos cardeais (mas não nas suas abreviaturas): norte, sul (mas: SW sudoeste);

f) Nos axiónimos/axiônimos[13] e hagiónimos/hagiônimos[14] (opcionalmente, neste caso, também com maiúscula): senhor doutor Joaquim da Silva, bacharel Mário Abrantes, o Cardeal Bembo; santa Filomena (ou Santa Filomena);

g) Nos nomes que designam domínios do saber, cursos e disciplinas (opcionalmente, também com maiúscula): português (ou Português), matemática (ou Matemática); línguas e literaturas modernas (ou Línguas e Literaturas Modernas).

---

12 Título de obra ou livro impresso. Cf. HOUAISS, A: VILLAR, M. de S. *Dicionário Houaiss da Língua Portuguesa*. Rio de Janeiro: Objetiva, 2001. p. 444. (N. da E.)

13 Nomes ou locuções com que se presta reverência. Cf. HOUAISS, A: VILLAR, M. de S. *Dicionário Houaiss da Língua Portuguesa*. Rio de Janeiro: Objetiva, 2001. p. 360. (N. da E.)

14 Hierônimos, palavras ligadas à religião. Cf. HOUAISS, A: VILLAR, M. de S. *Dicionário Houaiss da Língua Portuguesa*. Rio de Janeiro: Objetiva, 2001. p. 1531. (N. da E.)

✦ 2º) A letra maiúscula inicial é usada:

a) Nos antropónimos/antropônimos, reais ou fictícios: Pedro Marques, Branca de Neve, D. Quixote;

b) Nos topónimos/topônimos, reais ou fictícios: Lisboa, Luanda, Maputo, Rio de Janeiro, Atlântida, Hespéria;

c) Nos nomes de seres antropomorfizados ou mitológicos: Adamastor, Neptuno/ Netuno;

d) Nos nomes que designam instituições: Instituto de Pensões e Aposentadorias da Previdência Social;

e) Nos nomes de festas e festividades: Natal, Páscoa, Ramadão, Todos os Santos;

f) Nos títulos de periódicos, que retêm o itálico: O Primeiro de Janeiro, O Estado de São Paulo (ou S. Paulo);

g) Nos pontos cardeais ou equivalentes, quando empregados absolutamente: Nordeste, por nordeste do Brasil, Norte, por norte de Portugal, Meio-Dia, pelo sul da França ou de outros países, Ocidente, por ocidente europeu, Oriente, por oriente asiático,

h) Em siglas, símbolos ou abreviaturas internacionais ou nacionalmente reguladas com maiúsculas, iniciais ou mediais ou finais ou o todo em maiúsculas: FAO, NATO, ONU, H2O; Sr., V. Exa;

i) Opcionalmente, em palavras usadas reverencialmente, aulicamente ou hierarquicamente, em início de versos, em categorizações de logradouros públicos: (rua ou Rua da Liberdade, largo ou Largo dos Leões), de templos (igreja ou Igreja do Bonfim, templo ou Templo do Apostolado Positivista), de edifícios (palácio ou Palácio da Cultura, edifício ou Edifício Azevedo Cunha).

Obs.: As disposições sobre os usos das minúsculas e maiúsculas não obstam a que obras especializadas observem regras próprias, provindas de códigos ou normalizações específicas (terminologias antropológica, geológica, bibliológica, botânica, zoológica, etc.), promanadas de entidades científicas ou normalizadoras, reconhecidas internacionalmente.

BASE XX - DA DIVISÃO SILÁBICA

A divisão silábica, que em regra se faz pela soletração (a-ba-de, bru-ma, ca-cho, lha-no, ma-lha, ma-nha, má-xi-mo, ó-xi-do, ro-xo, time-se), e na qual, por isso, se não tem de atender aos elementos constitutivos dos vocábulos segundo a etimologia (a-ba-li-e-nar, bi-sa-vó, de-sa-pa-re-cer, di-sú-ri-co, e-xâ-ni-me, hi-pe-ra-cús-ti-co, i-ná-bil, o-bo-val, su-bo-cu-lar, su-pe-rá-ci-do), obedece a vários preceitos particulares, que rigorosamente cumpre seguir, quando se tem de fazer em fim de linha, mediante o emprego do hífen, a partição de uma palavra:

✦ 1º) São indivisíveis no interior de palavra, tal como inicialmente, e formam, portanto, sílaba para a frente as sucessões de duas consoantes que constituem perfeitos grupos, ou sejam (com exceção apenas de vários compostos cujos prefixos terminam em **b**, ou **d**: a-blegação, ad-ligar, sub-lunar, etc.; em vez de a-blegação, a-dligar, su-blunar, etc.), aquelas sucessões em que a primeira consoante é uma labial, uma velar, uma dental ou uma labiodental e a segunda um **l** ou **r**: a-blução, ce-le-brar, du-plica-ção, re-primir, a-clamar, de-creto, de-glutição, re-grado, a-tlético, cáte-dra, períme-tro; a-fluir, a-fri-cano, ne-vrose.

✦2º) São divisíveis no interior da palavra as sucessões de duas consoantes que não constituem propriamente grupos e igualmente as sucessões de **m** ou **n**, com valor de nasalidade, e uma consoante: ab-dicar, Ed-gardo, op-tar, sub-por, ab-soluto, ad-jetivo, af-ta, bet-samita, ip-silon, ob-viar, des-cer, dis-ciplina, flores-cer, nas-cer, res-cisão; ac-ne, ad-mirável, Daf-ne, diafrag-ma, drac-ma, ét-nico, rit-mo, sub-meter, am-nésico, interam-nense; bir-reme, cor-roer, pror-rogar; as-segurar, bis-secular, sos- segar, bissex-to, contex-to, ex-citar, atroz-mente, capaz-mente, infeliz-mente; am-bição, desenganar, en-xame, man-chu, Mân-lio, etc.

✦3°) As sucessões de mais de duas consoantes ou de **m** ou **n**, com o valor de nasalidade, e duas ou mais consoantes são divisíveis por um de dois meios: se nelas entra um dos grupos que são indivisíveis (de acordo com o preceito 1°), esse grupo forma sílaba para diante, ficando a consoante ou consoantes que o precedem ligadas à sílaba anterior; se nelas não entra nenhum desses grupos, a divisão dá-se sempre antes da última consoante. Exemplos dos dois casos: cam-braia, ec-tlipse, em-blema, explicar, in-cluir, ins-crição, subs-crever, trans-gredir; abs-tenção, disp-neia, inters-telar, lamb-dacismo, sols-ticial, Terp-sícore, tungs-ténio.

✦ 4°) As vogais consecutivas que não pertencem a ditongos decrescentes (as que pertencem a ditongos deste tipo nunca se separam: ai-roso, cadei-ra, insti-tui, ora-ção, sacris-tães, traves-sões) podem, se a primeira delas não é **u** precedido de **g** ou **q**, e mesmo que sejam iguais, separar-se na escrita: ala-úde, áre-as, co-apeba, co-ordenar, do-er, flu-idez, perdo-as, vo-os. O mesmo se aplica aos casos de contiguidade de ditongos, iguais ou diferentes, ou de ditongos e vogais: cai-ais, cai-eis, ensai-os, flu-iu.

✦ 5º) Os digramas **gu** e **qu**, em que o **u** se não pronuncia, nunca se separam da vogal ou ditongo imediato (ne-gue, ne-guei; pe-que, pe-quei), do mesmo modo que as combinações **gu** e **qu** em que o **u** se pronuncia: á-gua, ambí-guo, averi-gueis; longín-quos, lo-quaz, quais-quer.

✦ 6º) Na translineação[15] de uma palavra composta ou de uma combinação de palavras em que há um hífen, ou mais, se a partição coincide com o final de um dos elementos ou membros, deve, por clareza gráfica, repetir-se o hífen no início da linha imediata: ex- -alferes, serená- -los-emos ou serená-los- -emos, vice- -almirante.

BASE XXI - DAS ASSINATURAS E FIRMAS

Para ressalva de direitos, cada qual poderá manter a escrita que, por costume ou registro legal, adote na assinatura do seu nome. Com o mesmo fim, pode manter-se a grafia original de quaisquer firmas comerciais, nomes de sociedades, marcas e títulos que estejam inscritos em registro público.

15 Ato de passar de uma linha para outra, na escrita, ficando parte na linha superior e o resto na de baixo. Cf. HOUAISS, A.; VILLAR, M. de S. *Dicionário Houaiss da Língua Portuguesa*. Rio de Janeiro: Objetiva, 2001. p. 2752. (N. da E.)

Anexo II
Nota explicativa

NOTA EXPLICATIVA DO ACORDO ORTOGRÁFICO DA LÍNGUA PORTUGUESA (1990)

1 - *MEMÓRIA BREVE DOS ACORDOS ORTOGRÁFICOS*

A existência de duas ortografias oficiais da língua portuguesa, a lusitana e a brasileira, tem sido considerada como largamente prejudicial para a unidade intercontinental do português e para o seu prestígio no Mundo.

Tal situação remonta, como é sabido, a 1911, ano em que foi adoptada em Portugal a primeira grande reforma ortográfica, mas que não foi extensiva ao Brasil.

Por iniciativa da Academia Brasileira de Letras, em consonância com a Academia das Ciências de Lisboa, com o objectivo de se minimizarem os inconvenientes desta situação, foi aprovado em 1931 o primeiro acordo ortográfico entre Portugal e o Brasil. Todavia, por razões que não importa agora mencionar, este acordo não produziu, afinal, a tão desejada unificação dos dois sistemas ortográficos, facto que levou mais tarde à convenção ortográfica de 1943. Perante as divergências persistentes nos "Vocabulários" entretanto publicados pelas duas Academias, que punham em evidência os parcos resultados práticos do acordo de 1943, realizou-se, em 1945, em Lisboa, novo encontro entre representantes daquelas duas agremiações, o qual conduziu à chamada Convenção Ortográfica Luso-Brasileira de 1945. Mais uma vez, porém, este acordo não produziu os almejados efeitos, já que ele foi adoptado em Portugal, mas não no Brasil.

Em 1971, no Brasil, e em 1973, em Portugal, foram promulgadas leis que reduziram substancialmente as divergências ortográficas entre os dois países. Apesar destas louváveis iniciativas, continuavam a persistir, porém, divergências sérias entre os dois sistemas ortográficos.

No sentido de as reduzir, a Academia das Ciências de Lisboa e a Academia Brasileira de Letras elaboraram em 1975 um novo projecto de acordo que não foi, no entanto, aprovado oficialmente por razões de ordem política, sobretudo vigentes em Portugal.

E é neste contexto que surge o encontro do Rio de Janeiro, em maio de 1986, e no qual se encontram, pela primeira vez na história da língua portuguesa, representantes não apenas de Portugal e do Brasil mas também dos cinco novos países africanos lusófonos entretanto emergidos da descolonização portuguesa.

O Acordo Ortográfico de 1986, conseguido na reunião do Rio de Janeiro, ficou, porém, inviabilizado pela reacção polêmica contra ele movida sobretudo em Portugal.

2 - *RAZÕES DO FRACASSO DOS ACORDOS ORTOGRÁFICOS*

Perante o fracasso sucessivo dos acordos ortográficos entre Portugal e o Brasil, abrangendo o de 1986 também os países lusófonos de África, importa reflectir seriamente sobre as razões de tal malogro.

Analisando sucintamente o conteúdo dos acordos de 1945 e de 1986, a conclusão que se colhe é a de que eles visavam impor uma unificação ortográfica absoluta.

Em termos quantitativos e com base em estudos desenvolvidos pela Academia das Ciências de Lisboa, com base num corpus de cerca de 110.000

palavras, conclui-se que o Acordo de 1986 conseguia a unificação ortográfica em cerca de 99,5% do vocabulário geral da língua. Mas conseguia-a, sobretudo à custa da simplificação drástica do sistema de acentuação gráfica, pela supressão dos acentos nas palavras proparoxítonas e paroxítonas, o que não foi bem aceite por uma parte substancial da opinião pública portuguesa.

Também o acordo de 1945 propunha uma unificação ortográfica absoluta que rondava os 100% do vocabulário geral da língua. Mas tal unificação assentava em dois princípios que se revelaram inaceitáveis para os brasileiros:

a) conservação das chamadas consoantes mudas ou não articuladas, o que correspondia a uma verdadeira restauração destas consoantes no Brasil, uma vez que elas tinham há muito sido abolidas;

b) resolução das divergências de acentuação das vogais tônicas **e** e **o**, seguidas das consoantes nasais **m** e **n**, das palavras proparoxítonas (ou esdrúxulas) no sentido da prática portuguesa, que consistia em as grafar com acento agudo e não circunflexo, conforme a prática brasileira.

Assim se procurava, pois, resolver a divergência de acentuação gráfica de palavras como António e Antônio, cómodo e cômodo, género e gênero, oxigénio e oxigênio, etc., em favor da generalização da acentuação com o diacrítico agudo. Esta solução estipulava, contra toda a tradição ortográfica portuguesa, que o acento agudo, nestes casos, apenas assinalava a tonicidade da vogal e não o seu timbre, visando assim resolver as diferenças de pronúncia daquelas mesmas vogais.

A inviabilização prática de tais soluções leva-nos à conclusão de que não é possível unificar por via administrativa divergências que assentam em claras diferenças de pronúncia, um dos critérios, aliás, em que se baseia o sistema ortográfico da língua portuguesa.

Nestas condições, há que procurar uma versão de unificação ortográfica que acautele mais o futuro do que o passado e que não receie sacrificar a simplificação também pretendida em 1986, em favor da máxima unidade possível. Com a emergência de cinco novos países lusófonos, os factores de desagregação da unidade essencial da língua portuguesa far-se-ão sentir com mais acuidade e também no domínio ortográfico. Neste sentido importa, pois, consagrar uma versão de unificação ortográfica que fixe e delimite as diferenças actualmente existentes e previna contra a desagregação ortográfica da língua portuguesa.

Foi, pois, tendo presentes estes objectivos, que se fixou o novo texto de unificação ortográfica, o qual representa uma versão menos forte do que as que foram conseguidas em 1945 e 1986. Mas ainda assim suficientemente forte para unificar ortograficamente cerca de 98% do vocabulário geral da língua.

3 - FORMA E SUBSTÂNCIA DO NOVO TEXTO

O novo texto de unificação ortográfica agora proposto contém alterações de forma (ou estrutura) e de conteúdo, relativamente aos anteriores. Pode dizer-se, simplificando, que em termos de estrutura se aproxima mais do acordo de 1986, mas que em termos de conteúdo adopta uma posição mais conforme com o projecto de 1975, atrás referido.

Em relação às alterações de conteúdo, elas afectam sobretudo o caso das consoantes mudas ou não articuladas, o sistema de acentuação gráfica, especialmente das esdrúxulas, e a hifenação.

Pode dizer-se ainda que, no que respeita às alterações de conteúdo, de entre os princípios em que assenta a ortografia portuguesa, se privilegiou o critério fonético (ou da pronúncia) com um certo detrimento para o critério etimológico.

É o critério da pronúncia que determina, aliás, a supressão gráfica das consoantes mudas ou não articuladas, que se tem conservado na ortografia lusitana essencialmente por razões de ordem etimológica.

É também o critério da pronúncia que nos leva a manter um certo número de grafias duplas do tipo de caráter e carácter, facto e fato, sumptuoso e suntuoso, etc.

É ainda o critério da pronúncia que conduz à manutenção da dupla acentuação gráfica do tipo de económico e econômico, efémero e efêmero, género e gênero, génio e gênio, ou de bónus e bônus, sémen e sêmen, ténis e tênis, ou ainda de bebé e bebê, ou metro e metrô, etc.

Explicitam-se em seguida as principais alterações introduzidas no novo texto de unificação ortográfica, assim como a respectiva justificação.

4 - CONSERVAÇÃO OU SUPRESSÃO DAS CONSOANTES C, P, B, G, M E T EM CERTAS SEQUÊNCIAS CONSONÂNTICAS (BASE IV)

4.1 - ESTADO DA QUESTÃO

Como é sabido, uma das principais dificuldades na unificação da ortografia da língua portuguesa reside na solução a adoptar para a grafia das consoantes **c** e **p**, em certas sequências consonânticas interiores, já que existem fortes divergências na sua articulação.

Assim, umas vezes, estas consoantes são invariavelmente proferidas em todo o espaço geográfico da língua portuguesa, conforme sucede em casos como compacto, ficção, pacto; adepto, aptidão, núpcias; etc.

Neste caso, não existe qualquer problema ortográfico, já que tais consoantes não podem deixar de grafar-se (v. Base IV, 1°, "a").

Noutros casos, porém, dá-se a situação inversa da anterior, ou seja, tais consoantes não são proferidas em nenhuma pronúncia culta da língua, como acontece em acção, afectivo, direcção; adopção, exacto, óptimo; etc. Neste caso existe um problema. É que na norma gráfica brasileira, há muito estas consoantes foram abolidas, ao contrário do que sucede na norma gráfica lusitana, em que tais consoantes se conservam. A solução que agora se adopta (v. Base IV, 1°, "b") é a de as suprimir, por uma questão de coerência e de uniformização de critérios (vejam-se as razões de tal supressão adiante, em 4.2).

As palavras afectadas por tal supressão representam 0,54% do vocabulário geral da língua, o que é pouco significativo em termos quantitativos (pouco mais de 600 palavras em cerca de 110.000). Este número é, no entanto, qualitativamente importante, já que compreende vocábulos de uso muito frequente (como, por ex.: acção, actor, actual, colecção, colectivo, correcção, direcção, director, electricidade, factor, factura, inspector, lectivo, óptimo, etc.).

O terceiro caso que se verifica relativamente às consoantes **c** e **p** diz respeito à oscilação de pronúncia, a qual ocorre umas vezes no interior da mesma norma culta (cf., por ex., cacto ou cato, dicção ou dição, sector ou setor, etc.), outras vezes entre normas cultas distintas (cf., por ex., facto, receção em Portugal, mas fato, recepção no Brasil).

A solução que se propõe para estes casos, no novo texto ortográfico, consagra a dupla grafia (v. Base IV, 1°, "c").

A estes casos de grafia dupla devem acrescentar-se as poucas variantes do tipo de súbdito e súdito, subtil e sutil, amígdala e amídala, amnistia e anistia, aritmética e arimética, nas quais a oscilação da pronúncia se verifica quanto às consoantes **b**, **g**, **m** e **t** (v. Base IV, 2°).

O número de palavras abrangidas pela dupla grafia é de cerca de 0,5% do vocabulário geral da língua, o que é pouco significativo (ou seja, pouco mais de 575 palavras em cerca de 110.000), embora nele se incluam também alguns vocábulos de uso muito frequente.

4.2 - JUSTIFICAÇÃO DA SUPRESSÃO DE CONSOANTES NÃO ARTICULADAS (BASE IV, 1°, "B")

As razões que levaram à supressão das consoantes mudas ou não articuladas em palavras como ação (acção), ativo (activo), diretor (director), ótimo (óptimo) foram essencialmente as seguintes:

a) o argumento de que a manutenção de tais consoantes se justifica por motivos de ordem etimológica, permitindo assinalar melhor a similaridade com as palavras congéneres das outras línguas românicas, não tem consistência. Por um lado, várias consoantes etimológicas se foram perdendo na evolução das palavras ao longo da história da língua portuguesa. Vários são, por outro lado, os exemplos de palavras deste tipo, pertencentes a diferentes línguas românicas, que, embora provenientes do mesmo étimo latino, revelam incongruências quanto à conservação ou não das referidas consoantes.

É o caso, por exemplo, da palavra objecto, proveniente do latim objectu-, que até agora conservava o **c**, ao contrário do que sucede em francês (cf. objet) ou em espanhol (cf. objeto). Do mesmo modo projecto (de projectu-) mantinha até agora a grafia com **c**, tal como acontece em espanhol (cf. proyecto), mas não em francês (cf. projet). Nestes casos o italiano dobra a consoante, por assimilação (cf. oggetto e progetto). A palavra vitória há muito se grafa sem **c**, apesar do espanhol victoria, do francês victoire ou do italiano vittoria. Muitos outros exemplos se poderiam citar. Aliás, não tem qualquer consistência a idéia de que a similaridade do português com as outras línguas românicas passa pela manutenção de consoantes etimológicas do tipo mencionado. Confrontem-se, por exemplo, formas como as seguintes: port. acidente (do lat. accidente-), esp. accidente, fr. accident, it. accidente, port. dicionário (do lat. dictionariu-), esp. diccionario, fr. dictionnaire, it. dizionario, port. ditar (do lat. dictare), esp. dictar, fr. dicter, it. dettare; port. estrutura (de structura-), esp. estructura, fr. structure, it. struttura, etc.

Em conclusão, as divergências entre as línguas românicas, neste domínio, são evidentes, o que não impede, aliás, o imediato reconhecimento da similaridade entre tais formas. Tais divergências levantam dificuldades à memorização da norma gráfica, na aprendizagem destas línguas, mas não é com certeza a manutenção de consoantes não articuladas em português que vai facilitar aquela tarefa;

b) a justificação de que as ditas consoantes mudas travam o fechamento da vogal precedente também é de fraco valor, já que, por um lado, se mantêm na língua palavras com vogal pré-tônica aberta, sem a presença de qualquer sinal diacrítico, como em corar, padeiro, oblação, pregar (= fazer uma prédica), etc., e, por outro, a conservação de tais consoantes não impede a tendência para o ensurdecimento da vogal anterior em casos como accionar, actual, actualidade, exactidão, tactear, etc;

c) é indiscutível que a supressão deste tipo de consoante vem facilitar a aprendizagem da grafia das palavras em que elas ocorriam.

De facto, como é que uma criança de 6-7 anos pode compreender que em palavras como concepção, excepção, recepção, a consoante não articulada é um **p**, ao passo que em vocábulos como correcção, direcção, objecção, tal consoante é um **c**?

Só à custa de um enorme esforço de memorização que poderá ser vantajosamente canalizado para outras áreas da aprendizagem da língua;

d) a divergência de grafias existente neste domínio entre a norma lusitana, que teimosamente conserva consoantes que não se articulam em todo o domínio geográfico da língua portuguesa, e a norma brasileira, que há muito suprimiu tais consoantes, é incompreensível para os lusitanistas estrangeiros, nomeadamente para professores e estudantes de português, já que lhes cria dificuldades suplementares, nomeadamente na consulta dos dicionários, uma vez que as palavras em causa vêm em lugares diferentes da ordem alfabética, conforme apresentam ou não a consoante muda;

e) uma outra razão, esta de natureza psicológica, embora nem por isso menos importante, consiste na convicção de que não haverá unificação ortográfica da língua portuguesa se tal disparidade não for resolvida;

f) tal disparidade ortográfica só se pode resolver suprimindo da escrita as consoantes não articuladas, por uma questão de coerência, já que a pronúncia as ignora, e não tentando impor a sua grafia àqueles que há muito as não escrevem justamente por elas não se pronunciarem.

4.3 - INCONGRUÊNCIAS APARENTES

A aplicação do princípio, baseado no critério da pronúncia, de que as consoantes **c** e **p** em certas sequências consonânticas se suprimem, quando não articuladas, conduz a algumas incongruências aparentes, conforme sucede em palavras como apocalítico ou Egito (sem **p**, já que este não se pronuncia), a par de apocalipse ou egipcio (visto que aqui o **p** se articula), noturno (sem **c**, por este ser mudo), ao lado de noctívago (com **c** por este se pronunciar), etc.

Tal incongruência é apenas aparente. De facto, baseando-se a conservação ou supressão daquelas consoantes no critério da pronúncia, o que não faria sentido era mantê-las, em certos casos, por razões de parentesco lexical. Se se abrisse tal excepção, o utente, ao ter que escrever determinada palavra, teria que recordar previamente, para não cometer erros, se não haveria outros vocábulos da mesma família que se escrevessem com este tipo de consoante.

Aliás, divergências ortográficas do mesmo tipo das que agora se propõem foram já aceites nas Bases de 1945 (v. Base VI, último parágrafo), que consagraram grafias como assunção ao lado de assumptivo, cativo, a par de captor e captura, dicionário, mas dicção, etc. A razão então aduzida foi a de que tais palavras entraram e se fixaram na língua em condições diferentes. A justificação da grafia com base na pronúncia é tão nobre como aquela razão.

4.4 - CASOS DE DUPLA GRAFIA (BASE IV, 1° "C", "D" E 2°)

Sendo a pronúncia um dos critérios em que assenta a ortografia da língua portuguesa, é inevitável que se aceitem grafias duplas naqueles casos em que existem divergências de articulação quanto às referidas consoantes **c** e **p** e ainda em outros casos de menor significado. Torna-se, porém, praticamente impossível enunciar uma regra clara e abrangente dos casos em que há oscilação entre o emudecimento e a prolação daquelas consoantes, já que todas as sequências consonânticas enunciadas, qualquer que seja a vogal precedente, admitem as duas alternativas: cacto e cato, caracteres e carateres, dicção e dição, facto e fato, sector e setor; ceptro e cetro; concepção e conceção, recepção e receção; assumpção e assunção, peremptório e perentório, sumptuoso e suntuoso, etc.

De um modo geral pode dizer-se que, nestes casos, o emudecimento da consoante (exepto em dicção, facto, sumptuoso e poucos mais) se verifica, sobretudo, em Portugal e nos países africanos, enquanto no Brasil há oscilação entre a prolação e o emudecimento da mesma consoante.

Também os outros casos de dupla grafia (já mencionados em 4.1), do tipo de súbdito e súdito, subtil e sutil, amígdala e amídala, omnisciente e onisciente, aritmética e arimética, muito menos relevantes em termos quantitativos do que os anteriores, se verificam sobretudo no Brasil.

Trata-se, afinal, de formas divergentes, isto é, do mesmo étimo. As palavras sem consoante, mais antigas e introduzidas na língua por via popular, foram já usadas em Portugal e encontram-se nomeadamente em escritores dos séculos XVI e XVII.

Os dicionários da língua portuguesa, que passarão a registrar as duas formas, em todos os casos de dupla grafia, esclarecerão, tanto quanto possível, sobre o alcance geográfico e social desta oscilação de pronúncia.

5 - SISTEMA DE ACENTUAÇÃO GRÁFICA (BASES VIII A XIII)

5.1 - ANÁLISE GERAL DA QUESTÃO

O sistema de acentuação gráfica do português actualmente em vigor, extremamente complexo e minucioso, remonta essencialmente à Reforma Ortográfica de 1911.

Tal sistema não se limita, em geral, a assinalar apenas a tonicidade das vogais sobre as quais recaem os acentos gráficos, mas distingue também o timbre destas.

Tendo em conta as diferenças de pronúncia entre o português europeu e o do Brasil, era natural que surgissem divergências de acentuação gráfica entre as duas realizações da língua.

Tais divergências têm sido um obstáculo à unificação ortográfica do português.

É certo que em 1971, no Brasil, e em 1973, em Portugal, foram dados alguns passos significativos no sentido da unificação da acentuação gráfica, como se disse atrás. Mas, mesmo assim, subsistem divergências importantes neste domínio, sobretudo no que respeita à acentuação das paroxítonas.

Não tendo tido viabilidade prática a solução fixada na Convenção Ortográfica de 1945, conforme já foi referido, duas soluções eram possíveis para se procurar resolver esta questão.

Uma era conservar a dupla acentuação gráfica, o que constituía sempre um espinho contra a unificação da ortografia.

Outra era abolir os acentos gráficos, solução adoptada em 1986, no Encontro do Rio de Janeiro.

Esta solução, já preconizada no I Simpósio Luso-Brasileiro sobre a Língua Portuguesa Contemporânea, realizado em 1967 em Coimbra, tinha sobretudo a justificá-la o facto de a língua oral preceder a língua escrita, o que leva muitos utentes a não empregarem na prática os acentos gráficos, visto que não os consideram indispensáveis à leitura e compreensão dos textos escritos.

A abolição dos acentos gráficos nas palavras proparoxítonas e paroxítonas, preconizada no Acordo de 1986, foi, porém, contestada por uma larga parte da opinião pública portuguesa, sobretudo por tal medida ir contra a "tradição ortográfica" e não tanto por estar contra a "prática ortográfica".

A questão da acentuação gráfica tinha, pois, de ser repensada.

Nesse sentido, desenvolveram-se alguns estudos e fizeram-se vários levantamentos estatísticos com o objectivo de se delimitarem melhor e quantificarem com precisão as divergências existentes nesta matéria.

5.2 - CASOS DE DUPLA ACENTUAÇÃO

5.2.1 - Nas proparoxítonas (Base XI)

Verificou-se assim que as divergências, no que respeita às proparoxítonas, se circunscrevem praticamente, como já foi destacado atrás, ao caso das vogais tônicas **e** e **o**, seguidas das consoantes nasais **m** e **n**, com as quais aquelas não formam sílaba (v. Base XI, 3º). Estas vogais soam abertas em Portugal e nos países africanos recebendo, por isso, acento agudo, mas são do timbre fechado em grande parte do Brasil, grafando-se por conseguinte com acento circunflexo: académico/acadêmico, cómodo/cômodo, efémero/efêmero, fenómeno/fenômeno, génio/gênio, tónico/tônico, etc.

Existe uma ou outra excepção a esta regra, como, por exemplo, cômoro e sêmola, mas estes casos não são significativos.

Costuma, por vezes, referir-se que o **a** tônico das proparoxítonas, quando seguido de **m** ou **n** com que não forma sílaba, também está sujeito a referida divergência de acentuação gráfica. Mas tal não acontece, porém, já que o seu timbre soa praticamente sempre fechado nas pronúncias cultas da língua, recebendo, por isso, acento circunflexo: âmago, ânimo, botânico, câmara, dinâmico, gerânio, pânico, pirâmide.

As únicas excepções a este princípio são os nomes próprios de origem grega Dánae/Dânae e Dánao/Dânao.

Note-se que se as vogais **e** e **o**, assim como **a**, formam sílaba com as consoantes **m** ou **n**, o seu timbre é sempre fechado em qualquer pronúncia culta da língua, recebendo, por isso, acento circunflexo: êmbolo, amêndoa, argênteo, excêntrico, têmpera; anacreôntico, cômputo, recôndito; cânfora, Grândola, Islândia, lâmpada, sonâmbulo, etc.

5.2.2 - Nas paroxítonas (Base IX)

Também nos casos especiais de acentuação das paroxítonas ou graves (v. Base IX, 2°), algumas palavras que contêm as vogais tônicas **e** e **o** em final de sílaba, seguidas das consoantes nasais **m** e **n**, apresentam oscilação de timbre, nas pronúncias cultas da língua.

Tais palavras são assinaladas com acento agudo, se o timbre da vogal tônica é aberto, ou com acento circunflexo, se o timbre é fechado: fémur ou fêmur, Fénix ou Fênix, ónix ou ônix, sémen ou sêmen e xénon ou xênon; bónus ou bônus, ónus ou ônus, pónei ou pônei, ténis ou tênis, Vénus ou Vênus; etc. No total, estes são pouco mais de uma dúzia de casos.

5.2.3 - Nas oxítonas (Base VIII)

Encontramos igualmente nas oxítonas (v. Base VIII, 1°, "a", Obs.) algumas divergências de timbre em palavras terminadas em **e** tónico, sobretudo provenientes do francês. Se esta vogal tónica soa aberta, recebe acento agudo; se soa fechada, grafa-se com acento circunflexo. Também aqui os exemplos pouco ultrapassam as duas dezenas: bebé ou bebê, caraté ou caratê, croché ou crochê, guiché ou guichê, matiné ou matinê, puré ou purê, etc. Existe também um caso ou outro de oxítonas terminadas em **o** ora aberto ora fechado, como sucede em cocó ou cocô, ró ou rô.

A par de casos como este há formas oxítonas terminadas em **o** fechado, às quais se opõem variantes paroxítonas, como acontece em judô e judo, metrô e metro, mas tais casos são muito raros.

5.2.4 - Avaliação estatística dos casos de dupla acentuação gráfica

Tendo em conta o levantamento estatístico que se fez na Academia das Ciências de Lisboa, com base no já referido corpus de cerca de 110.000 palavras do vocabulário geral da língua, verificou-se que os citados casos de dupla acentuação gráfica abrangiam aproximadamente 1,27% (cerca de 1.400 palavras). Considerando que tais casos se encontram perfeitamente delimitados, como se referiu atrás, sendo assim possível enunciar a regra de aplicação, optou-se por fixar a dupla acentuação gráfica como a solução menos onerosa para a unificação ortográfica da língua portuguesa.

5.3 - RAZÕES DA MANUTENÇÃO DOS ACENTOS GRÁFICOS NAS PROPAROXÍTONAS E PAROXÍTONAS

Resolvida a questão dos casos de dupla acentuação gráfica, como se disse atrás, já não tinha relevância o principal motivo que levou em 1986 a abolir os acentos nas palavras proparoxítonas e paroxítonas.

Em favor da manutenção dos acentos gráficos nestes casos, ponderaram-se, pois essencialmente as seguintes razões:

a) pouca representatividade (cerca de 1,27%) dos casos de dupla acentuação;

b) eventual influência da língua escrita sobre a língua oral, com a possibilidade de, sem acentos gráficos, se intensificar a tendência para a paroxitonia, ou seja, deslocação do acento tónico da antepenúltima para a penúltima sílaba, lugar mais frequente de colocação do acento tónico em português;

c) dificuldade em apreender correctamente a pronúncia de termos de âmbito técnico e científico, muitas vezes adquiridos através da língua escrita (leitura);

d) dificuldades causadas, com a abolição dos acentos, à aprendizagem da língua, sobretudo, quando esta se faz em condições precárias, como no caso dos países africanos, ou em situação de auto-aprendizagem;

e) alargamento, com a abolição dos acentos gráficos, dos casos de homografia, do tipo de análise(s.)/analise(v.), fábrica(s.)/fabrica(v.), secretária(s.)/ secretaria(s. ou v.), vária(s.)/varia(v.), etc., casos que apesar de dirimíveis pelo contexto sintáctico, levantariam por vezes algumas dúvidas e constituiriam sempre problema para o tratamento informatizado do léxico;

f) dificuldade em determinar as regras de colocação do acento tónico em função da estrutura mórfica da palavra. Assim, as proparoxítonas, segundo os resultados estatísticos obtidos da análise de um corpus de 25.000 palavras, constituem 12%. Destes 12%, cerca de 30% são falsas esdrúxulas (cf. génio, água, etc.). Dos 70% restantes, que são as verdadeiras proparoxítonas (cf. cómodo, género, etc.), aproximadamente 29% são palavras que terminam em **-ico/-ica** (cf. ártico, económico, módico, prático, etc.). Os restantes 41% de verdadeiras esdrúxulas distribuem-se por cerca de duzentas terminações diferentes, em geral de carácter erudito (cf. espírito, ínclito, púlpito; filólogo; filósofo; esófago; epíteto; pássaro; pêsames; facílimo; lindíssimo; parêntesis; etc.).

5.4 - SUPRESSÃO DE ACENTOS GRÁFICOS EM CERTAS PALAVRAS OXÍTONAS E PAROXÍTONAS (BASES VIII, IX E X)

5.4.1 - Em casos de homografia (Bases VIII, 3º, e IX, 9º e 10º)

O novo texto ortográfico estabelece que deixem de se acentuar graficamente palavras do tipo de **para** (á), flexão de **parar**, **pelo** (ê), substantivo, **pelo** (é), flexão de **pelar**, etc., as quais são homógrafas, respectivamente, das proclíticas **para**, preposição, **pelo**, contracção de **per** e **lo**, etc.

As razões por que se suprime, nestes casos, o acento gráfico são as seguintes:

a) em primeiro lugar, por coerência com a abolição do acento gráfico já consagrada pelo Acordo de 1945, em Portugal, e pela Lei nº 5.765, de 1971.12.18,[16] no Brasil, em casos semelhantes, como, por exemplo: **acerto** (ê), substantivo, e **acerto** (é), flexão de **acertar**; **acordo** (ô), substantivo, e **acordo** (ó), flexão de **acordar**; **cor** (ô), substantivo, e **cor** (ó), elemento da locução **de cor**; **sede** (ê) e **sede** (é), ambos substantivos, etc.;

b) em segundo lugar, porque, tratando-se de pares cujos elementos pertencem a classes gramaticais diferentes, o contexto sintáctico permite distinguir claramente tais homógrafas.

5.4.2 - Em paroxítonas com os ditongos *ei* e *oi* na sílaba tónica (Base IX, 3°)

O novo texto ortográfico propõe que não se acentuem graficamente os ditongos **ei** e **oi** tónicos

16 - 18.12.1971

das palavras paroxítonas. Assim, palavras como assembleia, boleia, ideia, que na norma gráfica brasileira se escrevem com acento agudo, por o ditongo soar aberto, passarão a escrever-se sem acento, tal como aldeia, baleia, cheia, etc.

Do mesmo modo, palavras como comboio, dezoito, estroina, etc., em que o timbre do ditongo oscila entre a abertura e o fechamento, oscilação que se traduz na facultatividade do emprego do acento agudo no Brasil, passarão a grafar-se sem acento.

A generalização da supressão do acento nestes casos justifica-se não apenas por permitir eliminar uma diferença entre a prática ortográfica brasileira e a lusitana, mas ainda pelas seguintes razões:

a) tal supressão é coerente com a já consagrada eliminação do acento em casos de homografia heterofônica (v. Base IX, 10°, e, neste texto atrás 5.4.1), como sucede, por exemplo, em **acerto**, substantivo, e **acerto**, flexão de **acertar**, **acordo**, substantivo, e **acordo**, flexão de **acordar**, **fora**, flexão de **ser** e **ir**, e **fora**, advérbio, etc;

b) no sistema ortográfico português não se assinala, em geral, o timbre das vogais tônicas **a**, **e** e **o** das palavras paroxítonas, já que a língua portuguesa se caracteriza pela sua tendência para a paroxitonia. O sistema ortográfico não admite, pois, a distinção entre, por exemplo **cada** (â) e **fada** (á),

para (â) e **tara** (á); **espelho** (ê) e **velho** (é), **janela** (é) e **janelo** (ê), **escrevera** (ê), flexão de **escrever**, e **Primavera** (é); **moda** (ó) e **toda** (ô), **virtuosa** (ó) e **virtuoso** (ô), etc.

Então, se não se torna necessário, neste casos, distinguir pelo acento gráfico o timbre da vogal tônica, por que se há-de usar o diacrítico para assinalar a abertura dos ditongos **ei** e **oi** nas paroxítonas, tendo em conta que o seu timbre nem sempre é uniforme e a presença do acento constituiria um elemento perturbador da unificação ortográfica?

5.4.3 - Em paroxítonas do tipo de *abençoo, enjoo, voo*, etc. (Base IX, 8°)

Por razões semelhantes às anteriores, o novo texto ortográfico consagra também a abolição do acento circunflexo, vigente no Brasil, em palavras paroxítonas como **abençoo**, flexão de **abençoar**, **enjoo**, substantivo e flexão de **enjoar**, **moo**, flexão de **moer**, **povoo**, flexão de **povoar**, **voo**, substantivo e flexão de **voar**, etc.

O uso do acento circunflexo não tem aqui qualquer razão de ser, já que ele ocorre em palavras paroxítonas cuja vogal tônica apresenta a mesma pronúncia em todo o domínio da língua portuguesa. Além de não ter, pois, qualquer vantagem nem justificação, constitui um factor que perturba a unificação do sistema ortográfico.

5.4.4 - Em formas verbais com *u* e *ui* tônicos, precedidos, de *g* e *q* (Base X, 7º)

Não há justificação para se acentuarem graficamente palavras como apazigue, arguem, etc.; já que estas formas verbais são paroxítonas e a vogal **u** é sempre articulada, qualquer que seja a flexão do verbo respectivo.

No caso de formas verbais como argui, delinquis, etc., também não há justificação para o acento, pois se trata de oxítonas terminadas no ditongo tônico **ui**, que como tal nunca é acentuado graficamente.

Tais formas só serão acentuadas se a sequência **ui** não formar ditongo e a vogal tônica for **i**, como, por exemplo, arguí (1ª pessoa do singular do pretérito perfeito do indicativo).

6 - EMPREGO DO HÍFEN (BASES XV A XVII)

6.1 - ESTADO DA QUESTÃO

No que respeita ao emprego do hífen, não há propriamente divergências assumidas entre a norma ortográfica lusitana e a brasileira.

Ao compulsarmos, porém, os dicionários portugueses e brasileiros e ao lermos, por exemplo, jornais e revistas, deparam-se-nos muitas oscilações e um largo número de formações vocabulares com grafia dupla, ou seja, com hífen e sem hífen, o que aumenta desmesurada e desnecessariamente as entradas lexicais dos dicionários. Estas oscilações verificam-se sobretudo nas formações por prefixação e na chamada recomposição, ou seja, em formações com pseudoprefixos de origem grega ou latina.

Eis alguns exemplos de tais oscilações: ante-rosto e anterrosto, co-educação e coeducação, pré-frontal e prefrontal, sobre-saia e sobressaia, sobre-saltar e sobressaltar, aero-espacial e aeroespacial, auto-aprendizagem e autoaprendizagem, agro-industrial e agroindustrial, agro-pecuária e agropecuária, alvéolo-dental e alveolodental, bolbo-raquidiano e bolborraquidiano, geo-história e geoistória, micro-onda e microonda; etc.

Estas oscilações são, sem dúvida, devidas a uma certa ambiguidade e falta de sistematização das regras que sobre esta matéria foram consagradas no texto de 1945. Tornava-se, pois, necessário reformular tais regras de modo mais claro, sistemático e simples. Foi o que se tentou fazer em 1986.

A simplificação e redução operadas nessa altura, nem sempre bem compreendidas, provocaram igualmente polêmica na opinião pública portuguesa, não tanto por uma ou outra incongruência resultante da aplicação das novas regras, mas sobretudo por alterarem bastante a prática ortográfica neste domínio.

A posição que agora se adopta, muito embora tenha tido em conta as críticas fundamentadas ao texto de 1986, resulta, sobretudo, do estudo do uso do hífen nos dicionários portugueses e brasileiros, assim como em jornais e revistas.

6.2 - O HÍFEN NOS COMPOSTOS (BASE XV)

Sintetizando, pode dizer-se que, quanto ao emprego do hífen nos compostos, locuções e encadeamentos vocabulares, se mantém o que foi estatuído em 1945, apenas se reformulando as regras de modo mais claro, sucinto e simples.

De facto, neste domínio não se verificam praticamente divergências nem nos dicionários nem na imprensa escrita.

6.3 - O HÍFEN NAS FORMAS DERIVADAS (BASE XVI)

Quanto ao emprego do hífen nas formações por prefixação e também por recomposição, isto é, nas formações com pseudoprefixos de origem grega ou latina, apresenta-se alguma inovação. Assim, algumas regras são formuladas em termos contextuais, como sucede nos seguintes casos:

a) emprega-se o hífen quando o segundo elemento da formação começa por **h** ou pela mesma vogal ou consoante com que termina o prefixo ou pseudoprefixo (por ex.: anti-higiénico, contra-almirante, hiper-resistente);

b) emprega-se o hífen quando o prefixo ou falso prefixo termina em **m** e o segundo elemento começa por vogal, **m** ou **n** (por ex.: circum-murado, pan-africano).

As restantes regras são formuladas em termos de unidades lexicais, como acontece com oito delas (ex-, sota- e soto-, vice- e vizo-; pós-, pré- e pró-).

Noutros casos, porém, uniformiza-se o não emprego do hífen, do modo seguinte:

a) nos casos em que o prefixo ou o pseudoprefixo termina em vogal e o segundo elemento começa por **r** ou **s**, estas consoantes dobram-se, como já acontece com os termos técnicos e científicos (por ex.: antirreligioso, microssistema);

b) nos casos em que o prefixo ou pseudoprefixo termina em vogal e o segundo elemento começa por vogal diferente daquela, as duas formas aglutinam-se, sem hífen, como já sucede igualmente no vocabulário científico e técnico (por ex.: antiaéreo, aeroespacial).

6.4 - O HÍFEN NA ÊNCLISE E TMESE (BASE XVII)

Quanto ao emprego do hífen na ênclise e na tmese mantêm-se as regras de 1945, excepto no caso das formas **hei de**, **hás de**, etc., em que passa a suprimir-se o hífen. Nestas formas verbais o uso do hífen não tem justificação, já que a preposição **de** funciona ali como mero elemento de ligação ao infinitivo com que se forma a perífrase verbal (cf. hei de ler, etc.), na qual **de** é mais proclítica do que apoclítica.

7 - OUTRAS ALTERAÇÕES DE CONTEÚDO

7.1 - INSERÇÃO DO ALFABETO (BASE I)

Uma inovação que o novo texto de unificação ortográfica apresenta, logo na Base I, é a inclusão do alfabeto, acompanhado das designações que usualmente são dadas às diferentes letras. No alfabeto português passam a incluir-se também as letras **k**, **w** e **y**, pelas seguintes razões:

a) os dicionários da língua já registram estas letras, pois existe um razoável número de palavras do léxico português iniciado por elas;

b) na aprendizagem do alfabeto é necessário fixar qual a ordem que aquelas letras ocupam;

c) nos países africanos de língua oficial portuguesa existem muitas palavras que se escrevem com aquelas letras.

Apesar da inclusão no alfabeto das letras **k**, **w** e **y**, mantiveram-se, no entanto, as regras já fixadas anteriormente, quanto ao seu uso restritivo, pois existem outros grafemas com o mesmo valor fónico daquelas. Se, de facto, se abolisse o uso restritivo daquelas letras, introduzir-se-ia no sistema ortográfico do português mais um factor de perturbação, ou seja, a possibilidade de representar, indiscriminadamente, por aquelas letras fonemas que já são transcritos por outras.

7.2 - ABOLIÇÃO DO TREMA (BASE XIV)

No Brasil, só com a Lei nº 5.765, de 1971.12.18,[17] o emprego do trema foi largamente restringido, ficando apenas reservado às sequências **gu** e **qu** seguidas de **e** ou **i**, nas quais **u** se pronuncia (cf. aguentar, arguente, eloquente, equestre, etc.).

O novo texto ortográfico propõe a supressão completa do trema, já acolhida, aliás, no Acordo de 1986, embora não figurasse explicitamente nas respectivas bases. A única ressalva, neste aspecto, diz respeito a

17 - 18.12.1971

palavras derivadas de nomes próprios estrangeiros com trema (cf. mülleriano, de Müller, etc.).

Generalizar a supressão do trema é eliminar mais um factor que perturba a unificação da ortografia portuguesa.

8 - ESTRUTURA E ORTOGRAFIA DO NOVO TEXTO

Na organização do novo texto de unificação ortográfica optou-se por conservar o modelo de estrutura já adoptado em 1986. Assim, houve a preocupação de reunir, numa mesma base, matéria afim, dispersa por diferentes bases de textos anteriores, donde resultou a redução destas a vinte e uma.

Através de um título sucinto, que antecede cada base, dá-se conta do conteúdo nela consagrado. Dentro de cada base adoptou-se um sistema de numeração (tradicional) que permite uma melhor e mais clara arrumação da matéria aí contida.

Principais mudanças na Língua Portuguesa do Brasil

Principais mudanças na Língua Portuguesa do Brasil[18]

hífen (-)	1. o **hífen** é usado:
	✦ em palavras compostas
	amor-perfeito, arco-íris, decreto-lei, guarda-noturno, mato-grossense, norte-americano, primeiro-ministro, segunda-feira
	✦ quando o segundo elemento começar por **h**
	anti-higiênico, extra-humano, pré-história, super-homem, pan-helenismo

18 - Esta seção não consta do Novo Acordo Ortográfico da Língua Portuguesa; trata-se de um adendo explicativo da **Edipro** para indicar ao leitor, de forma clara, as principais mudanças no português do Brasil implementadas pelo Acordo. (N. da E.)

hífen (-)	✦ quando o prefixo terminar com a mesma vogal que inicia o segundo elemento
	ant*i*-*i*bérico, supr*a*-*a*uricular, aut*o*-*o*bservação, sem*i*-*i*nterno
	✦ com **hiper**-, **inter**- e **super**- ligados a elementos iniciados por **r**
	hipe*r*-*r*equintado, inte*r*-*r*esistente, supe*r*-*r*evista
	✦ com **circum**- e **pan**- ligados a elementos iniciados por **vogal**, **m**, **n** e **h**
	pan-*a*fricano, circum-*m*urado, circum-*n*avegação, pan-*h*elênico
	✦ com **ex**-, **vice**-, **sota**-, **soto**- e **vizo**-
	ex-almirante, *vice*-presidente, *sota*-piloto, *soto*-mestre, *vizo*-rei
	✦ com **pós**-, **pré**- e **pró**- ligados a elemento de vida à parte
	pós-graduação, *pré*-escolar, *pró*-africano

hífen (-)	2. o **hífen** deixa de ser usado: ✦ quando o prefixo terminar em **vogal** e o segundo elemento começar por **r** ou **s**, que se duplicarão anti*rr*eligioso, anti*ss*emita, co*ss*eno, infra*ss*om, mini*ss*aia, micro*ss*istema ✦ quando o prefixo terminar em **vogal** e o segundo elemento começar por **vogal diferente** ant*ia*éreo, aut*oe*strada, extr*ae*scolar, hidr*oe*létrico
trema (¨)	✦ o **trema** é aceito somente em nomes próprios e seus derivados: M*ü*ller, m*ü*leriano, H*ü*bner, h*ü*bneriano

acento agudo (´)	✦ o **acento agudo** deixa de ser usado:
	✦ nos ditongos abertos **ei** e **oi** das paroxítonas
	assembl*ei*a, epop*ei*co, estr*oi*na, her*oi*co, id*ei*a, j*oi*a, paran*oi*co
	✦ nos **i** e **u** tônicos precedidos de ditongo nas paroxítonas
	fei*u*ra, bai*u*ca, sai*i*nha
	✦ nos verbos em que o **u** tônico é precedido de **g** ou **q** e seguido de **e** ou **i**
	averig*ue*, obliq*ue*, arg*ui*, *delinqui*

acento circunflexo (^)	✦ o **acento circunflexo** deixa de ser usado: ✦ nas 3ªˢ pessoas do plural (eles) do presente do indicativo ou do subjuntivo dos verbos **crer**, **dar**, **ler**, **ver** e seus derivados cr*e*em (derivado: descr*e*em), d*e*em (derivado: red*e*em), l*e*em (derivado: rel*e*em) e v*e*em (derivado: prev*e*em) ✦ em palavras terminadas em hiato **oo** v*o*o, enj*o*o

acento diferencial
(´) (^)

1. o **acento diferencial** é usado:

✦ para diferenciar **pôde** (pretérito perfeito de "poder") de **pode** (presente do indicativo de "poder")

Marina não *pôde* prestar vestibular em 2007. (pretérito perfeito)

Paulo *pode* se exercitar apenas 30 minutos diários. (presente do indicativo)

✦ para diferenciar **por** (preposição) de **pôr** (verbo)

Dona Alice levou três maçãs *por* uma. (preposição)

Sebastião costuma *pôr* as plantas na varanda. (verbo)

2. o **acento diferencial** deixa de ser usado:

✦ nos demais casos

Isabela não *para* de chorar. (verbo **parar**)

Comprei goiabada *para* a vovó. (preposição **para**)

O *pelo* de Fifi é brilhante. (substantivo **pelo**)

acento diferencial (´) (^)	Eu me *pelo* de medo de altura. (verbo **pelar**) O padre orou *polo* que pecou. (preposição arcaica **polo**) As geleiras do *Polo* Norte estão derretendo. (substantivo **polo**)
k, w e y	As letras **k**, **w** e **y** entram no alfabeto da Língua Portuguesa, que passa a conter 26 letras.

GRÁFICA PAYM
Tel. (011) 4392-3344
paym@terra.com.br